En torno a Galileo
y otros ensayos

José Ortega y Gasset

En torno a Galileo
y otros ensayos

Alianza editorial
El libro de bolsillo

Diseño de colección: Estrada Design
Diseño de cubierta: Manuel Estrada
Fotografía de Javier Ayuso

PAPEL DE FIBRA
CERTIFICADA

© *En torno a Galileo* (1947), Herederos de José Ortega y Gasset.
© *Teoría de las generaciones* (1933), Herederos de José Ortega y Gasset.
© *El método de las generaciones históricas* (1933), Herederos de José Ortega y Gasset.
© Alianza Editorial, S. A., Madrid, 2024
  Calle Valentín Beato, 21
  28037 Madrid
  www.alianzaeditorial.es

ISBN: 978-84-1148-740-5
Depósito legal: M. 11.577-2024
Printed in Spain

Si quiere recibir información periódica sobre las novedades de Alianza Editorial, envíe
un correo electrónico a la dirección: alianzaeditorial@anaya.es

Índice

Nota preliminar

El origen del libro que presentamos se remonta a un curso impartido por Ortega en 1933 en Madrid, organizado por la Cátedra Valdecilla de la Universidad Central y titulado «Sobre la época de Galileo. 1550-1650. Ideas en torno a las generaciones decisivas en la evolución del pensamiento europeo». El curso consta de doce lecciones, que tienen lugar entre el 18 de febrero y el 11 de mayo, siguiendo el programa recogido en la «Nota a la edición» del tomo VI de las *Obras completas*, publicado por la Fundación Ortega – Marañón y Taurus en el año 2006, pp. 976-977. Ortega desarrolla en el curso su llamada «razón histórica» a través de la exposición de la idea de las «generaciones», y la pone en práctica para analizar la época decisiva en la gestación de la Modernidad.

Como es frecuente, Ortega utiliza los manuscritos que escribe en preparación de sus cursos para ponerlos a disposición del lector no académico en forma de artículos en el periódico. Así sucede en este caso, publicando en *La Nación* de Buenos Aires las doce lecciones agrupadas en un orden distinto al que fueron impartidas, en forma de series de prensa con los títulos: «En torno a Galileo», entre mayo y junio de 1933; «Esquema de las crisis», entre octubre y diciembre; «Desesperación y situaciones extremas», entre enero y febrero de 1934; «Las etapas del cristianismo al racionalismo», en abril, y «Sobre el siglo XV», entre junio y julio. También fueron publicadas por Ortega en *Revista de Occidente* y en *Cruz y Raya*, en septiembre y en octubre de 1933, las lecciones «En el tránsito del cristianismo al racionalismo» y «La verdad como coincidencia del hombre consigo mismo», respectivamente. Pero se da en este caso la circunstancia de que estas dos lecciones y las dos anteriores del programa del curso, tituladas «De nuevo, la idea de generación» y «Cambio y crisis», fueron publicadas ilegalmente como libro en 1934 con el título *Esquema de las crisis* en Santiago de Chile por Ediciones Extra —obra que, incluso, sería reimpresa en 1937.

Ortega pretende organizar el manuscrito del curso en una monografía que lo integre en un sistema filosófico, teniendo en el horizonte su proyecto de *Aurora de la razón histórica*. En este contexto, había preparado las cuatro primeras lecciones para su publicación por el Patronato de la Fundación Valdecilla en 1933, con el título *El método de las generaciones históricas*, pero no se resolvió a darle salida. Más tarde, se produjo el advenimiento de la Guerra Civil, obligándole a parar su actividad académica y editorial y a salir del país, y la posibilidad de acceder a las fuentes bibliográficas para organizar su obra de modo sistemático, así como su salud, mermaron notablemente. Cuando hubo encontrado mayor estabilidad y para contrarrestar las ediciones no autorizadas, Ortega decidió publicar la parte central del curso como monografía, en Revista de Occidente en 1942, con el título *Esquema de las crisis y otros ensayos*. El curso aparecería finalmente publicado de manera íntegra con el título *En torno a Galileo* en la edición de sus *Obras completas* de 1947. Este título se mantendría sucesivamente.

Como hacemos en esta Biblioteca de autor, ofrecemos también los ensayos de Ortega relacionados con la edición final del curso: «Teoría de las generaciones» y «El método de las generaciones históricas», ensayos escritos en 1933 en el marco de su preparación del ciclo de doce lecciones, que serían utilizados para la edición de 1947 y publicados póstumamente. El primero de estos ensayos está especialmente relacionado en título y contenido con la lección IV. El segundo, es preparado como prólogo a la edición de las cuatro primeras lecciones para la Fundación Valdecilla, que, como queda dicho, no llega a publicarse. El ensayo titulado «Sobre ensimismarse y alterarse», que aparece en la prensa en tres entregas en marzo y abril de 1933, sería también utilizado en parte para los capítulos V y VI de la edición de 1947. Se edita en *Ensimismamiento y alteración. Meditación de la técnica y otros ensayos*, en esta misma colección.

Los volúmenes de esta «Biblioteca de autor José Ortega y Gasset» presentan un texto nacido del trabajo filosófico, filológico e historiográfico del equipo del Centro de Estudios Orteguianos de la Fundación José Ortega y Gasset – Gregorio Marañón. La investigación se ha desarrollado durante más de una década y ha permitido depurar malas lecturas y erratas de ediciones anteriores, al tiempo que se han descubierto numerosos textos desconocidos, algunos de los cuales no se habían vuelto a publicar desde su primera edición y otros eran inéditos; en ambos casos, enriquecen esta «Biblioteca».

Se ofrece al lector el texto según la última versión que el autor publicó. En el caso de la obra editada de forma póstuma, se sigue el manuscrito más próximo a una versión definitiva. El exhaustivo análisis de los testimonios conservados en el archivo del filósofo ha permitido una fijación textual que en numerosos casos difiere de las ediciones anteriores. Se ha respetado esencialmente la puntuación del propio Ortega, aunque se ha revisado en el caso de la obra póstuma. Se conservan los rasgos estilísticos del autor —como por ejemplo su reconocible «rigoroso» frente al más común «riguroso»—, los resaltes expresivos y particularidades morfosintácticas de su uso lingüístico (mayúsculas para remarcar un concepto, concordancias *ad sensum*, leísmos, laísmos), así como las distintas grafías en nombres de personas y lugares.

En la medida de lo posible, se evita la intervención de los editores en el texto, de modo que se mantiene la versión original incluso cuando se ha detectado algún lapsus —generalmente de precisión de una fuente al citar el autor de memoria. No se pretende dar un texto perfeccionado sino aquel que Ortega entregó a las prensas o en el que trabajaba para su publicación si nos referimos a la obra que dejó inédita. Los añadidos de los editores van siempre entre corchetes, así como los títulos que no son originales del filósofo. Las notas al pie de los editores se indican con *.

En la edición de los textos del presente volumen han participado Carmen Asenjo Pinilla, Iván Caja Hernández-

Ranera y Jaime de Salas Ortueta, quienes agradecen el trabajo de investigación y fijación textual previo de sus compañeros Ignacio Blanco Alfonso, José Ramón Carriazo Ruiz, María Isabel Ferreiro Lavedán, Iñaki Gabaráin Gaztelumendi, Patricia Giménez Eguíbar, Felipe González Alcázar, Azucena López Cobo, Juan Padilla Moreno, Mariana Urquijo y Javier Zamora Bonilla.

En torno a Galileo

Las lecciones V, VI, VII y VIII de este curso explicado en 1933 en la Cátedra Valdecilla de la Universidad Central se publicaron en libro aparte con el título *Esquema de las crisis* (1942), precedidas de esta nota:

Se trata de unas lecciones entresacadas de un curso, donde el autor se propuso fijar, con el mayor rigor posible, la situación vital de aquellas generaciones entre 1550 y 1650 que instauraron el pensamiento moderno. De ordinario, la historia de las ideas, por ejemplo, de los sistemas filosóficos, nos presenta a éstos emergiendo los unos de los otros en virtud de un mágico emanatismo. Es una historia espectral y adinámica inspirada en el error intelectualista que atribuye a la inteligencia una sustantividad e independencia que no tiene. Es de presumir que si los historiadores de las ideas, especialmente de las filosofías, hubiesen sido historiadores de vocación y no más bien hombres de ciencia y filósofos, no habrían caído tan de lleno en ese error y se habrían resistido a creer que la inteligencia funciona por su propia cuenta, cuando es tan obvio advertir que va gobernada por las profundas necesidades de nuestra vida, que su ejercicio no es sino reacción a menesteres preintelectuales del hombre.

De aquí que fuese forzoso insinuar —ya que más completo desarrollo del tema era inoportuno— a los oyentes del citado curso, algo sobre ese carácter preintelectual, esto es, viviente de la inteligencia misma, oponiéndose a la doctrina inveterada, según la cual el hombre se ocupa en conocer simplemente porque tiene entendimiento. Al descender por debajo del conocimiento mismo, por tanto, de la ciencia como hecho genérico y descubrir la función vital que la inspira y moviliza, nos encontramos con que no es sino una forma especial de otra función más decisiva y básica —la creencia. *Esto nos prepara para comprender cómo el hombre puede pasar de una fe a otra y en qué situación se halla mientras dura el tránsito, mientras vive en dos* creencias, *sin sentirse instalado en ninguna, por tanto en sustancial* crisis.

A continuación se publican en su orden todas las lecciones, reconstruyendo la totalidad orgánica que tuvo el curso, al cual había de seguir una segunda parte que los acontecimientos españoles impidieron llevar a cabo.

LECCIÓN I

En junio de 1633, Galileo Galilei, de setenta años, fue obligado a arrodillarse delante del Tribunal Inquisitorial, en Roma, y a abjurar de la teoría copernicana, concepción que hizo posible la física moderna.

Se van a cumplir, pues, los trescientos años de aquélla deplorable escena originada, a decir verdad, más que en reservas dogmáticas de la Iglesia, en menudas intrigas de grupos particulares. Yo invito a los oyentes para que, en homenaje a Galileo, desarrollen conmigo algunos temas en torno al pensamiento de su época.

Si rendimos homenaje a Galileo es porque nos interesa su persona. Mas ¿por qué nos interesa? Evidentemente por razones muy distintas de aquéllas por las cuales Galileo interesaba a Galileo. Cada cual se interesa a sí mismo, quiera o no, téngase en poco o en mucho, por la sencilla razón de que cada cual es sujeto, protagonista de su propia e intransferible vida. Nadie puede vivirme mi vida; tengo yo por mi propia y exclusiva cuenta que írmela viviendo, sorbiendo sus alborozos, apurando sus amarguras, aguantando sus dolores, hirviendo en sus entusiasmos. Que cada cual se interese por sí mismo no necesita, pues, especial justificación. Pero sí la ha menester nuestro interés por otra persona, máxime cuando no es un contemporáneo. A primera vista nuestros intereses, nuestras admiraciones, nuestras curiosidades, ofrecen el aspecto de un fortuito enjambre. Pero no hay tal. Nuestra existencia es un organismo y todo en ella tiene su ordenado puesto, su misión, su papel.

Galileo nos interesa no así como así, suelto y sin más, frente a frente él y nosotros, de hombre a hombre. A poco que analicemos nuestra estimación hacia su figura, advertiremos que se adelanta a nuestro fervor, colocado en un preciso cuadrante, alojado en un gran pedazo del pretérito que tiene una forma muy precisa: *es* la iniciación de la Edad Moderna, del sistema de ideas, valoraciones e impulsos que ha dominado y nutrido el suelo histórico que se extiende precisamente desde Galileo hasta nuestros pies. No es, pues, tan altruista y generoso nuestro interés hacia Galileo como al pronto podíamos imaginar. Al fondo de la civilización contemporánea, que se caracteriza entre todas las civilizaciones por la ciencia exacta de la naturaleza y la técnica científica, late la figura de Galileo. Es, por tanto, un ingrediente de nuestra vida y no uno cualquiera, sino que en ella le compete el misterioso papel de iniciador.

Pero se dice, y tal vez con no escaso fundamento, que todos esos principios constitutivos de la Edad Moderna se hallan hoy en grave crisis. Existen, en efecto, no pocos motivos para presumir que el hombre europeo levanta sus tiendas de ese suelo moderno donde ha acampado durante tres siglos y comienza un nuevo éxodo hacia otro ámbito histórico, hacia otro modo de existencia. Esto querría decir: la tierra de la Edad Moderna que comienza bajo los pies de Galileo termina bajo nuestros pies. Éstos la han abandonado ya.

Pero, entonces, la figura del gran italiano cobra para nosotros un interés más dramático, entonces nos interesa mucho más interesadamente. Porque si es cierto que vivimos una situación de profunda crisis histórica, si es cierto que salimos de una Edad para entrar en otra, nos importa mucho: 1.º, hacernos bien cargo, en rigorosa fórmula, de cómo era ese sistema de vida que abandonamos; 2.º, qué es eso de vivir en crisis histórica; 3.º, cómo termina una crisis histórica y se entra en tiempo nuevo. En Galileo y Descartes termina la mayor crisis por que ha pasado el destino europeo —una crisis que comienza a fines del siglo XIV y no termina hasta los albores del XVII. Al fin de ella, como divisoria de las aguas y cima entre dos edades, se alza la figura de Galileo. Con ella el hombre moderno entra en el mundo moderno. Nos interesa, pues, sobremanera hacernos cargo de aquella crisis y de este ingreso. Todo entrar en algún sitio, todo salir de algún recinto es un poco dramático; a veces, lo es mucho —de aquí las supersticiones y los ritos del umbral y del dintel. Los romanos creían en dioses especiales que presidían a esa condensación de enigmático destino que es el salir y es el entrar. Al dios del salir llamaban Abeona, al dios del entrar llamaban Adeona. Si, en vez del dios pagano, decimos, con un vocablo cristianizado, patrono, nada puede parecer más justificado que hacer a Galileo patrono *abeona* en nuestra salida de la modernidad, patrono *adeona* de nuestro ingreso en un futuro palpitante de misterio.

Todo el que se ha acercado a estudiar la etapa europea que va de 1400 a 1600 se ha dado cuenta de que es entre todos los períodos de nuestra historia occidental el más confuso y hoy por hoy indominado. En 1860 publicó Jacobo Burckhardt su *Cultura del Renacimiento en Italia*. Por vez primera la palabra Renacimiento, que andaba vagando desde Vasari con significaciones indecisas, cobra un sentido preciso y representa la definición de un tiempo histórico. Era un primer ensayo de aclaración que ponía un esquema de orden sobre tres siglos de confusa memoria. Una vez más se pudo ver que el conocimiento no consiste en poner al hombre frente a la pululación innumerable de los hechos brutos, de los datos nudos. Los hechos, los datos, aun siendo efectivos, no son la realidad, no tienen ellos por sí realidad y como no la tienen, mal pueden entregarla a nuestra mente. Si para conocer, el pensamiento no tuviese otra cosa que hacer sino reflejar una realidad que está ya ahí, en los hechos, presta como una virgen prudente esperando al esposo, la ciencia sería cómoda faena y hace muchos milenios que el hombre habría descubierto todas las verdades urgentes. Mas acontece que la realidad no es un regalo que los hechos hacen al hombre. Siglos y siglos los hechos siderales estaban patentes ante los ojos humanos y, sin embargo, lo que estos hechos presentaban al hombre, lo que estos hechos patentizaban no era una realidad, sino todo lo contrario, un enigma, un arcano, un problema, ante el cual se estremecía de pavor. Los hechos vienen a ser, pues, como las figuras de un jeroglífico. ¿Han reparado ustedes en la paradójica condición de tales figuras? Ellas nos presentan ostentosamente sus clarísimos perfiles, pero ese su claro aspecto está ahí precisamente para plantearnos un enigma, para producir en nosotros confusión. La figura jeroglífica nos dice: «¿Me ves bien? Bueno, pues eso que ves de mí no es mi verdadero ser. Yo estoy aquí para advertirte que yo no soy mi efectiva realidad. Mi realidad, mi sentido está detrás de mí, oculto por mí. Para llegar a él tienes que no fiarte de mí, que no tomarme a mí como la realidad misma, sino, al contrario, tienes que interpretarme y esto supone que has de buscar como verdadero sentido de este jeroglífico otra cosa muy distinta del aspecto que ofrecen sus figuras».

La ciencia es, en efecto, interpretación de los hechos. Por sí mismos no nos dan la realidad, al contrario, la ocultan, esto es, nos plantean el problema de la realidad. Si no hubiera hechos no habría problema, no habría enigma, no habría nada oculto que es preciso des-ocultar, des-cubrir. La palabra con que los griegos nombraban la verdad es *alétheia*, que quiere decir descubrimiento, quitar el velo que oculta y cubre algo. Los hechos cubren la realidad y mientras estemos en medio de su pululación innumerable estamos en el caos y la confusión. Para des-cubrir la realidad es preciso que retiremos por un momento los hechos de en torno nuestro y nos quedemos solos con nuestra mente. Entonces, por nuestra propia cuenta y riesgo, imaginamos una realidad, fabricamos una realidad imaginaria, puro invento nuestro: luego, siguiendo en la soledad de nuestro íntimo imaginar, hallamos qué aspecto, qué figuras visibles, en suma, qué hechos produciría esa realidad imaginaria. Entonces es cuando salimos de nuestra soledad imaginativa, de nuestra mente pura y aislada y comparamos esos hechos que la realidad imaginada por nosotros produciría con los hechos efectivos que nos rodean. Si casan unos con otros es que hemos descifrado el jeroglífico, que hemos des-cubierto la realidad que los hechos cubrían y arcanizaban.

Esta faena es la ciencia; como se ve consiste en dos operaciones distintas. Una puramente imaginativa, creadora, que el hombre pone de su propia y libérrima sustancia: otra confrontadora con lo que no es el hombre, con lo que le rodea, con los hechos, con los datos. La realidad no es dato, algo dado, regalado —sino que es construcción que el hombre hace con el material dado.

No debía ser necesario hacer constar esto: todo el que se ocupa de labores científicas debiera saberlo. Toda la ciencia moderna no ha hecho sino eso y sus creadores sabían muy bien que la ciencia de los hechos, de los fenómenos tiene en un cierto momento que desentenderse de éstos, quitárselos de delante y ocuparse en puro imaginar. Así, por ejemplo: los cuerpos lanzados se mueven de innumerables modos, suben, bajan, siguen en su trayecto las curvas más diversas, con las más distintas velocidades. En tan inmensa variedad nos perdemos y por muchas observaciones que hagamos sobre los hechos del movimiento, no lograremos descubrir el verdadero ser del movimiento. ¿Qué hace, en cambio, Galileo? En vez de perderse en la selva de los hechos entrando en ellos como pasivo espectador, comienza por imaginar la génesis del movimiento en los cuerpos lanzados *cuius motus generationem talem constituo. Mobile quoddam super planum horizontale proiectum* mente concipio *omni secluso impedimento.*

Así inicia Galileo la Jornada cuarta de su libro postrero titulado *Diálogo de las nuevas ciencias* o *Discorsi e dimostrazioni intorno a due nuove scienze attenenti alla Mecanica ed i movimenti locali*. Estas nuevas ciencias son, nada menos, la física moderna.

«Concibo por obra de mi mente un móvil lanzado sobre un plano horizontal y quitando todo impedimento». Es decir, se trata de un móvil imaginario en un plano idealmente horizontal y sin estorbo alguno —pero esos estorbos, impedimentos que Galileo imaginariamente quita al móvil son los hechos—, ya que todo cuerpo observable se mueve entre impedimentos, rozando otros cuerpos y por ellos rozado. Comienza, pues, por construir idealmente, mentalmente, una realidad. Sólo cuando tiene ya lista su imaginaria realidad observa los hechos, mejor dicho, observa qué relación guardan los hechos con la imaginada realidad.

Pues bien, yo tengo la convicción de que se avecina un espléndido florecimiento de las ciencias históricas debido a que los historiadores se resolverán a hacer *mutatis mutandis*, frente a los hechos históricos, lo mismo que Galileo inició frente a los físicos. Se convencerán de que la ciencia, se entiende toda ciencia de cosas, sean éstas corporales o espirituales, es tanto obra de imaginación como de observación, que esta última no es posible sin aquélla —en suma, que la ciencia es construcción.

Este carácter, en parte al menos, imaginativo de la ciencia hace de ella una hermana de la poesía. Pero entre la imaginación de Galileo y la de un poeta hay una radical diferencia: aquélla es una imaginación exacta. El móvil y el plano horizontal que con su mente concibe son figuras rigorosamente matemáticas. Ahora bien, la materia histórica no tiene nada esencial que ver con lo matemático. ¿Tendrá por ello que renunciar a ser una construcción, es decir, una ciencia y declararse irremediablemente poesía? ¿O cabe una imaginación que, sin ser matemática, preste a la historia el mismo servicio de rigor constructivo que la mecánica presta a la física? ¿Cabe una cuasi-mecánica de la historia?

No vamos a desarrollar ahora esta cuestión. Pero sí quisiera dejar en el aire, como una insinuación, los supuestos más generales que, a mi juicio, hacen posible una historia verdaderamente científica.

Los historiadores para exonerarse de discutir con los filósofos suelen repetir la frase escrita por uno de sus mayores capitanes, por Leopoldo de Ranke, quien a las discusiones de su tiempo sobre la forma de la ciencia histórica opuso, con aire de quien corta malhumorado un nudo gordiano, estas palabras: «La historia se propone averiguar *wie es eigentlich gewesen ist* —cómo efectivamente han pasado las cosas». Esta frase, parece entendida a primera vista, pero habida cuenta las polémicas que la inspiraron, tiene un significado bastante estúpido. ¡Lo que ha pasado! ¡Lo que ha ocurrido o sido! ¿Cómo? ¿Por ventura se ocupa la historia de los eclipses que han ocurrido? Evidentemente, no. La frase es elíptica. Se supone que en la historia se trata de lo que ha pasado, ocurrido, acaecido al hombre. Pero esto es precisamente lo que con todo respeto para Ranke, a quien creo uno de los más formidables constructores de historia, me parece un poco estúpido. Porque se quiere decir con ello que al hombre le pasan muchas cosas, infinitas cosas y que esas cosas que le pasan, le pasan en el sentido de una teja que cae sobre un transeúnte y lo desnuca. En este pasar, el hombre no tendría otro papel que el de un frontón sobre el cual caen los fortuitos pelotazos de un extrínseco destino. La historia no tendría otra misión que tomar nota de esos pelotazos uno a uno. La historia sería puro y absoluto empirismo. El pasado humano sería una radical discontinuidad de hechos sueltos sin estructura, ley ni forma.

Pero es evidente que todo lo que al hombre acontece y pasa, le pasa y acontece dentro de su vida y se convierte *ipso facto* en un hecho de vida humana, es decir, que el verdadero ser, la realidad de ese hecho no es lo que éste como suceso bruto, aislado y por sí parezca tener, sino lo que signifique en la vida de ese hombre. Un mismo hecho material tiene las realidades más diversas inserto en vidas humanas diferentes. La teja que desciende es la salvación para el transeúnte desesperado y anónimo o es una catástrofe de importancia universal cuando tropieza con la nuca de un creador de imperio, de un genio joven.

Un hecho humano no es, pues, nunca un puro pasar y acaecer —es función de toda una vida humana individual o colectiva, pertenece a un organismo de hechos donde cada cual tiene su papel dinámico y activo. En rigor, al hombre lo único que le pasa es vivir, todo lo demás es interior a su vida, provoca en ella reacciones, tiene en ella un valor y un significado. La realidad, pues, del hecho no está en él, sino en la unidad indivisa de cada vida.

De suerte que si, siguiendo a Ranke, queremos que la historia consista en averiguar cómo *propiamente*, *efectivamente*, han pasado las cosas, no tenemos más remedio que recurrir de cada hecho bruto al sistema orgánico, unitario de la vida a quien el hecho pasó, que vivió el hecho.

Tan es así que el historiador no puede ni siquiera leer una sola frase de un documento sin referirla, para entenderla, a la vida integral del autor del documento. La historia en su primaria labor, en la más elemental, es ya hermenéutica, que quiere decir interpretación, interpretación que quiere decir inclusión de todo hecho suelto en la estructura orgánica de una vida, de un sistema vital.

A la luz de esta advertencia, bien obvia por cierto, la historia deja de ser la simple averiguación de lo que ha pasado y se convierte en otra cosa un poco más complicada —en la investigación de cómo han sido las vidas humanas en cuanto tales. Conste, pues, no lo que ha pasado a los hombres—, ya que, según hemos visto, lo que a alguien le pasa sólo se puede conocer cuando se sabe cuál fue su vida en totalidad.

Pero al topar la historia con la muchedumbre de las vidas humanas se encuentra en la misma situación que Galileo ante los cuerpos que se mueven. Se mueven tantos y de tan diversos modos, que en vano podremos averiguar de ellos lo que sea el movimiento. Si el movimiento no tiene una estructura esencial y siempre idéntica de que los movimientos singulares de los cuerpos son meras variaciones y modificaciones, la física es imposible. Por eso Galileo no tiene más remedio que comenzar por constituir el esquema de todo movimiento. En los que luego observe, ese esquema tendrá que cumplirse siempre, y gracias a ese esquema sabemos qué y por qué se diferencian unos de otros los movimientos efectivos. Es preciso que en el humo ascendente de la chimenea aldeana y en la piedra que cae de una torre exista bajo aspectos contradictorios una misma realidad, esto es, que el humo suba precisamente por las mismas causas que la piedra baja.

Pues bien, tampoco es posible la historia, la investigación de las vidas humanas si la fauna variadísima de éstas no oculta una estructura esencial idéntica, en suma, si la vida humana no es, en el fondo, la misma en el siglo X antes de Cristo que en el X después de Cristo, entre los caldeos de Ur y en el Versalles de Luis XV.

El caso es que todo historiador se acerca a los datos, a los hechos llevando ya en su mente, dese o no cuenta de ello, una idea más o menos precisa de lo que es la vida humana, esto es, de cuáles son las necesidades, las posibilidades y la línea general de comportamiento característicos del hombre. Delante de tal noticia que un documento le proporciona se detendrá diciendo: esto no es verosímil, es decir, esto no puede pasar a un hombre, la vida humana excluye como imposibles ciertos tipos de comportamiento. Pero no sólo esto: llega a más. Declara como inverosímiles ciertos actos de un hombre no porque en absoluto lo sean, sino porque contradicen excesivamente otros datos de la vida de ese hombre. Y entonces dice: esto es inverosímil en un hombre del siglo X, aunque sería muy natural en un hombre del siglo XIX. ¿No advierten ustedes cómo el historiador más enemigo de la filosofía decreta la realidad o irrealidad de un hecho sometiéndolo, como a una instancia suprema, a la idea que él tiene de una vida humana como totalidad y organismo?

Lo que yo pido a los historiadores no es más sino que tomen en serio eso mismo que hacen, que de hecho practican y en vez de construir la historia sin darse cuenta de lo que hacen se preocupen de construirla deliberadamente, partiendo de una idea más rigorosa de la estructura general que tiene nuestra vida y que actúa idéntica en todos lugares y en todos los tiempos.

Precisamente cuando se trata de comprender una época confusa, de crisis —como es el Renacimiento—, es más necesario partir de un esquema claro, preciso de la vida y sus funciones constitutivas. Porque no se hizo rigorosamente y a fondo, no se ha entendido el Renacimiento ni se ha entendido lo que es una crisis histórica. Parece, pues, inexcusable que en brevísimo resumen propongamos un esquema de la vida humana.

LECCIÓN II

LA ESTRUCTURA DE LA VIDA, SUSTANCIA DE LA HISTORIA

En la lección anterior insinuaba yo que toda ciencia de realidad, sea ésta corporal o espiritual, tiene que ser una construcción y no un mero espejo de los hechos. Porque la física en tiempo de Galileo se resolvió a ser esto, quedó constituida como ciencia ejemplar y norma de conocimiento durante toda la Edad Moderna.

La historia tiene que adoptar pareja decisión y disponerse a construir. Bien entendido que esta paridad entre la física tal cual es y una historia tal y como debe ser, se reduce, por lo pronto, a este punto: la constructividad. Los demás caracteres de la física no tienen para qué ser deseados para la historia. Por ejemplo, la exactitud. La exactitud de la física, se entiende, la exactitud de aproximación que le es propia, no procede de su método constructivo como tal, sino que le viene impuesta por su objeto, la magnitud. Lo exacto no es, pues, tanto el pensar físico como su objeto —el fenómeno físico. Es, pues, un *quid pro quo* extenderse en elegíacas lamentaciones sobre la incapacidad de exactitud que aquejará siempre a la historia. Lo lamentable sería más bien lo contrario. Si la historia, que es la ciencia de las vidas humanas, fuese o pudiese ser exacta, significaría que los hombres eran pedernales, piedras, cuerpos físico-químicos y nada más. Pero entonces no habría ni historia ni física, porque las piedras, más afortunadas si se quiere que los hombres, no necesitan hacer ciencia para ser ellas lo que son, esto es, piedras. En cambio, el hombre es una entidad extrañísima que para ser lo que es necesita antes averiguarlo, necesita, quiera o no, preguntarse lo que son las cosas en su derredor y lo que es él en medio de las cosas. Porque esto es lo que verdaderamente diferencia al hombre de la piedra: no que el hombre tenga entendimiento y la piedra carezca de él. Podemos imaginar una piedra muy inteligente, pero como el ser piedra le es dado ya hecho de una vez para siempre y no tiene que decidirlo ella, no necesita para ser piedra plantearse en cada momento el problema de sí misma, preguntándose: ¿qué tengo yo que hacer ahora o, lo que es igual, qué tengo yo que ser? Suelta en el aire, sin que necesite preguntarse nada y, por tanto, sin que necesite ejercitar su entendimiento, la piedra que imaginamos caerá hacia el centro de la tierra. Su inteligencia, pues, aunque exista, no forma parte de su ser, no interviene en él, sino que sería un aditamento extrínseco y superfluo.

Lo esencial del hombre es, en cambio, no tener más remedio que esforzarse en conocer, en hacer ciencia, mejor o peor, en resolver el problema de su propio ser y para ello el problema de lo que son las cosas entre las cuales inexorablemente tiene que ser. Esto: que necesita saber, que necesita —quiera o no— afanarse con sus medios intelectuales, es lo que constituye indubitablemente la condición humana. En cambio, definir al hombre diciendo que es un animal inteligente, racional, un animal que sabe, *homo sapiens*, es sobremanera expuesto, porque a poco rigor que usemos al emplear estas palabras, si nos preguntamos: ¿es el hombre, aun el genio mayor que haya existido, de verdad y en toda la exigida plenitud del vocablo, inteligente, de verdad entiende con plenitud de entendimiento, de verdad sabe algo con inconmovible e integral saber?, pronto advertimos que es cosa sobremanera dudosa y problemática. En cambio, repito, es incuestionable que necesita saber.

No se puede definir al hombre por las dotes o medios con que cuenta, ya que no está dicho que esas dotes, esos medios logren lo que sus nombres pretenden, por tanto, que sean adecuados a la pavorosa faena en que, quiera o no, está. Dicho en otra forma: el hombre no se ocupa en conocer, en saber simplemente *porque* tenga dotes cognoscitivas, inteligencia, etcétera —sino al revés, porque no tiene más remedio que intentar conocer, saber, moviliza todos los medios de que dispone aunque éstos sirven muy malamente para aquel menester. Si la inteligencia del hombre fuese de verdad lo que la palabra indica —capacidad de entender—, el hombre habría inmediatamente entendido todo y estaría sin ningún problema, sin faena penosa por delante. No está, pues, dicho que la inteligencia del hombre sea, en efecto, inteligencia; en cambio, la faena en que el hombre anda irremediablemente metido, ¡eso sí que es indubitable —y, por tanto, eso sí que lo define!

Esa faena —según dijimos— se llama «vivir» y consiste el vivir en que el hombre está siempre en una circunstancia, que se encuentra de pronto y sin saber cómo sumergido, proyectado en un orbe o contorno incanjeable, en éste de ahora.

Para sostenerse en esa circunstancia tiene que hacer siempre algo —pero este quehacer no le es impuesto por la circunstancia, como al gramófono le es impuesto el repertorio de sus discos o al astro la línea de su órbita.

El hombre, cada hombre tiene que decidir en cada instante lo que va a hacer, lo que va a ser en el siguiente. Esta decisión es intransferible: nadie puede sustituirme en la faena de decidirme, de decidir mi vida. Cuando me pongo en manos de otro, soy yo quien ha decidido y sigue decidiendo que él me dirija: no transfiero, pues, la decisión, sino tan sólo su mecanismo. En vez de obtener la norma de conducta del mecanismo que es mi inteligencia, me aprovecho del mecanismo de la inteligencia de otro.

Pero si al salir de aquí toman ustedes una dirección y no otra, es porque creen que deben ir a determinado lugar en esa hora y esto a su vez —que deben estar a esa hora en tal lugar— lo han decidido por otra razón de futuro y así sucesivamente. El hombre no puede dar un solo paso sin anticipar, con más o menos claridad, todo su porvenir, lo que va a ser; se entiende, lo que ha decidido ser en toda su vida. Pero esto significa que el hombre obligado a hacer siempre algo en la circunstancia, para decidir lo que va a hacer no tiene más remedio que plantearse el problema de su propio ser individual. No hace falta gran perspicacia para advertir cuando nos encontramos con el prójimo cómo va éste dirigido por el *sí mismo* que ha decidido ser pero que nunca acaba de ver claro, que le es siempre problema. Porque al hacerse cada cual cuestión de qué va a ser, por tanto, de lo que va a ser su vida, no tiene más remedio que plantearse el problema de cuál es el ser del hombre, qué es lo que el hombre en general puede ser y qué es lo que tiene que ser. Pero esto, a su vez, nos obliga a hacernos una idea, a averiguar de algún modo lo que es la circunstancia, contorno o mundo en que vive. Las cosas, en torno, no nos dicen por sí mismas lo que son. Tenemos que descubrirlo nosotros. Pero esto —descubrir el ser de las cosas y el ser de sí mismo y el ser de todo— no es sino el quehacer intelectual del hombre, quehacer que, por lo tanto, no es un aditamento superfluo y extrínseco a su vida sino que, quiera o no, es constitutivo de ésta. No se trata, pues, de que el hombre vive y luego, si viene el caso, si siente alguna especial curiosidad, se ocupe en formarse algunas ideas sobre las cosas. No: vivir es ya encontrarse forzado a interpretar nuestra vida. Siempre, irremisiblemente, en cada instante, nos hallamos con determinadas convicciones radicales sobre lo que son las cosas y nosotros entre ellas: esta articulación de convicciones últimas hacen de nuestra circunstancia caótica la unidad de un mundo o universo.

Lo dicho nos presenta nuestra vida constituida por dos dimensiones, inseparable la una de la otra y que quiero dejar destacadas ante ustedes con toda claridad. En su dimensión primaria vivir es estar yo, el yo de cada cual, en la circunstancia y no tener más remedio que habérselas con ella. Pero esto impone a la vida una segunda dimensión consistente en que no tiene más remedio que averiguar lo que la circunstancia es. En su primera dimensión lo que tenemos al vivir es un puro problema. En la segunda dimensión tenemos un esfuerzo o intento de resolver el problema. Pensamos sobre la circunstancia y este pensamiento nos fabrica una idea, plan o arquitectura del puro problema, del caos que es por sí, primariamente, la circunstancia. A esta arquitectura que el pensamiento pone sobre nuestro contorno, interpretándolo, llamamos mundo o universo. Éste, pues, no nos es dado, no está ahí, sin más, sino que es fabricado por nuestras convicciones.

No hay manera de aclararse un poco lo que es la vida humana si no se tiene en cuenta que el mundo o universo es la solución intelectual con que el hombre reacciona ante los problemas dados, inexorables, inexcusables que le plantea su circunstancia. Ahora bien: 1.º, cuáles sean las soluciones depende de cuáles sean los problemas; 2.º, una solución sólo lo es auténticamente en la medida en que sea auténtico el problema; quiero decir, en que nos sintamos efectivamente angustiados por él. Cuando, por uno u otro motivo, el problema deja de ser efectivamente sentido por nosotros, la solución, por muy certera que sea, pierde vigor ante nuestro espíritu, esto es, deja de cumplir su papel de solución, se convierte en una idea muerta.

Me interesaba subrayar todo esto porque ello formula con energía la dualidad inherente al vivir humano en virtud de la cual el hombre está siempre en el problema que es su circunstancia, mas, por lo mismo, forzado a reaccionar ante ese problema, está siempre en una relativa solución. El hombre más escéptico vive ya en ciertas convicciones radicales, vive en un mundo, en una interpretación. El mundo en que está el escéptico se llama «lo dudoso»: vive en él, está en la duda, en el mar de lo dudoso, en el mar de confusiones, como le llama muy certeramente la expresión vulgar —y ese mundo de lo dudoso es tan mundo como el mundo del dogmático, aunque sea un mundo pavorosamente pobre. Cuando se habla, pues, de un «hombre sin convicciones» cuídese de advertir que eso es sólo una manera de hablar. No hay vida sin últimas certidumbres: el escéptico está convencido de que todo es dudoso.

Cuando he indicado que nuestra vida, la de cada cual, es, por fuerza, interpretación de sí misma, es formarse ideas sobre sí y lo demás, el oyente se habrá dicho que no se ha dado cuenta de haber nunca realizado ese esfuerzo. Y tiene razón si ha entendido mis palabras en el sentido de que cada hombre por su solo esfuerzo original se crea una interpretación del universo. Por desgracia —o por ventura— eso no acontece. Al encontrarnos viviendo, nos encontramos no sólo entre las cosas, sino entre los hombres; no sólo en la tierra, sino en la sociedad. Y esos hombres, esa sociedad en que hemos caído al vivir tiene ya una interpretación de la vida, un repertorio de ideas sobre el universo, de convicciones vigentes. De suerte, que lo que podemos llamar «el pensamiento de nuestra época» entra a formar parte de nuestra circunstancia, nos envuelve, nos penetra y nos lleva. Uno de los factores constituyentes de nuestra fatalidad es el conjunto de convicciones ambientes con que nos encontramos. Sin darnos cuenta nos hallamos instalados en esa red de soluciones ya hechas a los problemas de nuestra vida. Cuando uno de éstos nos aprieta, recurrimos a ese tesoro, preguntamos a nuestros prójimos, a los libros de nuestros prójimos: ¿qué es el mundo?, ¿qué es el hombre?,

¿qué es la muerte?, ¿qué hay más allá? O bien: ¿qué es el espacio, qué es la luz, qué es el organismo animal? Pero ni es necesario que nos hagamos tales preguntas: desde que nacemos ejecutamos un esfuerzo constante de recepción, de absorción, en la convivencia familiar, en la escuela, lectura y trato social que trasvasa en nosotros esas convicciones colectivas antes, casi siempre, de que hayamos sentido los problemas de que ellas son o pretenden ser soluciones. De suerte que cuando brota en nosotros la efectiva angustia ante una cuestión vital y queremos de verdad hallar su solución, orientarnos con respecto a ella, no sólo tenemos que luchar con ella, sino que nos encontramos presos en las soluciones recibidas y tenemos que luchar también con éstas. El idioma mismo en que por fuerza habremos de pensar nuestros propios pensamientos es ya un pensamiento ajeno, una filosofía colectiva, una elemental interpretación de la vida que fuertemente nos aprisiona.

Hemos visto cómo la idea del mundo o universo es el plano que el hombre se forma, quiera o no, para andar entre las cosas y realizar su vida, para orientarse en el caos de la circunstancia. Pero esa idea le es, por lo pronto, dada por su contorno humano, es la idea dominante en su tiempo. Con ella tiene que vivir sea aceptándola, sea polemizando en tal o cual punto contra ella.

Además de pensar sobre las cosas o saber, el hombre hace instrumentos, fabrica trebejos, vive materialmente con una técnica. La circunstancia es distinta según sea la técnica ya lograda con que se encuentra al nacer. Al hombre de hoy no le aprietan como al paleolítico los problemas materiales. Vaca a otros. Su vida es, pues, de idéntica estructura fundamental, pero la perspectiva de problemas, distinta. La vida es siempre preocupación, pero en cada época preocupan más unas cosas que otras. Hoy no preocupa la viruela que preocupaba en 1850. Hoy, en cambio, preocupa el régimen parlamentario que no preocupaba entonces.

Sin haber hecho más que asomarnos al asunto nos encontramos, pues, con estas verdades claras: 1.º, toda vida de hombre parte de ciertas convicciones radicales sobre lo que es el mundo y el puesto del hombre en él —parte de ellas y se mueve dentro de ellas; 2.º, toda vida se encuentra en una circunstancia con más o menos técnica o dominio sobre el contorno material.

He aquí dos funciones permanentes, dos factores esenciales de toda vida humana —que, además, se influyen mutuamente: ideología y técnica.

Un estudio completo nos llevaría a descubrir las restantes dimensiones de la vida. Mas ahora nos basta con esas dos, porque nos bastan para entrever que la vida humana tiene siempre una estructura —es decir, que consiste en tener el hombre que habérselas con un mundo determinado, cuyo perfil podemos dibujar. Ese mundo presenta relativamente resueltos ciertos problemas y exalta, en cambio, otros, dando así una determinada y no vaga figura a la lucha del hombre por su destino.

La historia se ocupa en averiguar cómo han sido las vidas humanas, pero suele malentenderse la expresión como si se tratase de inquirir cuál ha sido el carácter de los sujetos humanos. La vida no es sin más ni más el hombre, es decir, el sujeto que vive. Sino que es el drama de ese sujeto al encontrarse teniendo que bracear, que nadar náufrago en el mundo. La historia no es, pues, primordialmente psicología de los hombres, sino reconstrucción de la estructura de ese drama que se dispara entre el hombre y el mundo. En un mundo determinado y ante él los hombres de psicología más diversa se encuentran con cierto repertorio ineludible y común de problemas que da a su existencia una idéntica estructura fundamental. Las diferencias psicológicas, subjetivas, son subalternas y no hacen más que poner menudas indentaciones en el esquema de su drama común.

Pondré un ejemplo para aclarar mi pensamiento. Imaginen ustedes dos individuos de carácter opuesto, uno muy alegre, otro muy triste, pero ambos viviendo en un mundo donde Dios existe y en que la técnica material es elementalísima. (En general, las épocas con Dios son épocas de técnica torpe y viceversa). Al pronto tenderemos a atribuir gran importancia a esa diferencia de caracteres en la configuración de ambas vidas. Mas si luego comparamos a uno de esos hombres, por ejemplo, al alegre, con otro tan alegre como él pero que vive en un mundo distinto, en un mundo donde no hay Dios y hay en cambio una civilización técnica desarrolladísima, caemos en la cuenta de que, a pesar de gozar ambos del mismo carácter, sus vidas se diferencian mucho más que la de aquella otra pareja distinta de carácter pero sumergida en el mismo mundo.

Es preciso que la historia abandone el psicologismo o subjetivismo en que sus más finas producciones actuales andan perdidas y reconozca que su misión es reconstruir las condiciones objetivas en que los individuos, los sujetos humanos han estado sumergidos. De aquí que su pregunta radical tiene que ser, no cómo han variado los seres humanos, sino cómo ha variado la estructura objetiva de la vida.

Cada uno de nosotros se encuentra, en efecto, sumergido hoy en un sistema de problemas, peligros, facilidades, dificultades, posibilidades e imposibilidades que no son él, sino que, al contrario, son aquello en que está, con que tiene que contar, en manejar y luchar con lo cual consiste precisamente su vida. Si hubiésemos nacido cien años hace, aun poseyendo el mismo carácter e iguales dotes, el drama de nuestra vida hubiera sido muy distinto.

La pregunta radical de la historia se precisa, pues, así: ¿qué cambios de la estructura vital ha habido? ¿Cómo, cuándo y por qué cambia la vida?

LECCIÓN III

IDEA DE LA GENERACIÓN

Una misma cosa se puede pensar de dos modos: en hueco o en lleno. Si decimos que la historia se propone averiguar cómo han sido las vidas humanas, se puede estar seguro que el que nos escucha al entender estas palabras y repetírselas las piensa en hueco, esto es, no se hace presente la realidad misma que es la vida humana, no piensa, pues, efectivamente el contenido de esa idea, sino que usa aquellas palabras como un continente vacío, como una ampolla inane que lleva por de fuera el rótulo: «vida humana». Es, pues, como si dijera: Bueno, yo me doy cuenta de que al pensar ahora estas palabras —al leerlas, oírlas o pronunciarlas— no tengo de verdad presente la cosa que ellas significan, pero tengo la creencia, la confianza de que siempre que quiera detenerme a realizar su significado, a hacerme presente la realidad que nombran, lo conseguiría. Las uso, pues, fiduciariamente, a crédito, como uso un cheque, confiado en que siempre que quiera lo podré cambiar en la ventanilla de un banco por el dinero contante y sonante que representa. Confieso que, en rigor, no pienso mi idea, sino sólo su alvéolo, su cápsula, su hueco.

Este pensar en hueco y a crédito, este pensar algo sin pensarlo en efecto, es el modo más frecuente de nuestro pensamiento. La ventaja de la palabra que ofrece un apoyo material al pensamiento tiene la desventaja de que tiende a suplantarlo, y si un buen día nos comprometiésemos a realizar el repertorio de nuestros pensamientos más habituales, nos encontraríamos penosamente sorprendidos con que no tenemos los pensamientos efectivos, sino sólo sus palabras o algunas vagas imágenes pegadas a ellas; con que no tenemos más que los cheques, pero no las monedas que aquéllos pretenden valer; en suma, que intelectualmente somos un banco en quiebra fraudulenta. Fraudulenta, porque cada cual vive con sus pensamientos y si éstos son falsos, son vacíos, falsifica su vida, se estafa a sí mismo.

Pues bien, yo no he pretendido en las dos lecciones anteriores sino hacer fácil a ustedes, llenar de realidad las palabras «vida humana» —que son, tal vez, de todo el diccionario, las que más nos importan, porque esa realidad no es una cualquiera, sino que es la nuestra y al serlo es la realidad en que se dan para nosotros todas las demás, es la realidad de todas las realidades. Todo lo que pretenda en algún sentido ser realidad tendrá que aparecer de algún modo dentro de mi vida.

Pero la vida humana no es una realidad hacia fuera —quiero decir, la vida de cada uno de ustedes no es lo que, sin más,

43

veo yo de ellas mirándolas desde mi sitio, desde mí mismo.
Al contrario: eso que yo, sin más, veo de ustedes no es la vida
de ustedes, sino precisamente una porción de la mía, de mi
vida. A mí me acontece ahora tenerlos a ustedes de oyentes,
tener que hablarles: los encuentro delante de mí con el variado aspecto que me presentan —muchachos y muchachas que
estudian, personas mayores, varones y damas, y yo al hablar
me veo obligado entre otras cosas a buscar un modo de expresión que sea comprensible a todos—, es decir, que tengo
que contar con ustedes, tengo que habérmelas con ustedes, son
ustedes ahora, en este momento, un elemento de mi destino,
de mi circunstancia. Pero claro es que la vida de cada uno de
ustedes no es lo que cada uno de ustedes es para mí, lo que
es hacia mí, por tanto hacia fuera de cada uno de ustedes
—sino que es la que cada uno de ustedes vive por sí, desde sí
y hacia sí. Y en esa vida de ustedes soy yo ahora no más que
un ingrediente de la circunstancia en que ustedes viven,
soy un ingrediente de su destino. La vida de cada uno de ustedes consiste ahora en tener que estar oyéndome y esto aun en
el caso, sobremanera posible, de que algunos de ustedes no
hayan venido a oírme, sino que hayan venido por cualesquiera
otros motivos imaginables, los cuales no quiero, aunque podría, enumerar. Aun en ese caso su vida consiste ahora en tener que contar, quieran o no, con mi voz, pues para no oírme,
estando aquí, tienen que hacer el penoso esfuerzo de desoír-
me, de procurar distraerse de mi voz concentrando la atención en alguna otra cosa —como solemos hacer tantas veces
para defendernos de esos dos nuevos enemigos del hombre
que son el gramófono y la radio.

La realidad de la vida consiste, pues, no en lo que es para
quien desde fuera la ve, sino en lo que es para quien desde

dentro de ella la es, para el que se la va viviendo mientras y en tanto que la vive. De aquí que conocer otra vida que no es la nuestra obliga a intentar verla no desde nosotros, sino desde ella misma, desde el sujeto que la vive.

Por esta razón he dicho muy formalmente y no como simple metáfora que la vida es drama —el carácter de su realidad no es como el de esta mesa cuyo ser consiste no más que en estar ahí, sino en tener que írsela cada cual haciendo por sí, instante tras instante, en perpetua tensión de angustias y alborozos, sin que nunca tenga la plena seguridad sobre sí misma. ¿No es ésta la definición del drama? El drama no es una cosa que está ahí, no es en ningún buen sentido una cosa —un ser estático— sino que el drama pasa, acontece, se entiende, es un pasarle algo a alguien, es lo que acontece al protagonista mientras le acontece. Pero aun al decir esto que ahora, creo yo, nos parece tan claro, decir que la vida es drama, solemos malentenderlo interpretándolo como si se tratase de que viviendo nos suelen acontecer dramas, algunas veces, o bien que vivir es acontecerle a uno muchas cosas —por ejemplo, dolerle a uno las muelas, ganar el premio de la lotería, no tener qué comer, enamorarse de una mujer, sentir la indominable aspiración de ser ministro, ser *velis nolis* estudiante de la Universidad, etcétera, etcétera. Pero esto significaría que en la vida acontecen dramas, grandes y chicos, tristes o regocijados, mas no que la vida es esencialmente y sólo drama. Y de esto precisamente es de lo que se trata. Porque todas las demás cosas que nos pasan o acontecen, nos acontecen y pasan porque nos acontece y pasa una única: vivir. Si no viviésemos no nos pasaría nada: en cambio, porque vivimos y sólo porque vivimos nos pasa todo lo demás. Ahora bien, ese único y esencial «pasarnos» que es causa de todos los demás, el vivir, tiene una peculiarísima condición y es que siempre está en nuestra mano hacer que no pase. El hombre puede siempre dejar de vivir. Es penoso traer aquí esta idea de la posibilidad siempre abierta para el hombre de huir de la vida: es penoso, pero es forzoso. Porque ella y sólo ella descubre un carácter principalísimo de nuestra vida, que es éste: no nos la hemos dado a nosotros, sino que nos la encontramos o nos encontramos en ella al encontrarnos con nosotros mismos —pero al encontrarnos en la vida podríamos muy bien abandonarla. Si no la abandonamos es porque queremos vivir. Pero entonces noten ustedes lo que resulta: si, según hemos visto, nos pasan todas las cosas porque nos pasa vivir, como este esencial pasar lo aceptamos al querer vivir, es evidente que todo lo demás que nos pasa, aun lo más adverso y desesperante, nos pasa porque queremos —se entiende, porque queremos ser. El hombre es afán de ser —afán en absoluto de ser, de subsistir— y afán de ser tal, de realizar nuestro individualísimo yo.

Mas esto tiene dos haces: un ente que está constituido por el afán de ser, que consiste en afanarse por ser, evidentemente es ya, si no, no podría afanarse. Éste es un lado. Pero ¿qué es ese ente? Ya lo hemos dicho: afán de ser. Bien: pero sólo puede sentir afán de ser quien no está seguro de ser, quien siente constantemente problemático si será o no en el momento que viene, y si será tal o cual, de éste o del otro modo. De suerte que nuestra vida es afán de ser precisamente porque es, al mismo tiempo, en su raíz, radical inseguridad. Por eso hacemos siempre algo para asegurarnos la vida y antes que otra cosa hacemos una interpretación de la circunstancia en que tenemos que ser y de nosotros mismos que en ella pretendemos ser —definimos el horizonte dentro del cual tenemos que vivir.

Esa interpretación se forma en lo que llamamos «nuestras convicciones», o sea, todo aquello de que creemos estar seguros, con respecto a lo cual sabemos a qué atenernos. Y ese conjunto de seguridades que pensando sobre la circunstancia logramos fabricarnos, construirnos —como una balsa en el mar proceloso, enigmático de la circunstancia— es el mundo, horizonte vital. De donde resulta que el hombre para vivir necesita, quiera o no, pensar, formarse convicciones —o lo que es igual, que vivir es reaccionar a la inseguridad radical construyendo la seguridad de un modo, o, con otras palabras, creyendo que el mundo es de éste o del otro modo, para en vista de ello dirigir nuestra vida, vivir.

El otro día desechábamos la definición del hombre como *homo sapiens* por parecernos comprometedora y en exceso optimista. ¿Que el hombre sabe? En la fecha en que hablo y dirigiendo una mirada a la humanidad actual, esa pregunta es demasiado inquietadora: porque si algo hay claro en esta hora, es que en esta hora el hombre, y precisamente el más civilizado, en uno y otro continente, no sabe qué hacer.

Las anteriores consideraciones nos llevarían más bien a ampararnos en la otra vieja definición que llama al hombre *homo faber*, el ente que fabrica —o como Franklin decía, el animal que hace instrumentos, *animal instrumentificum*. Pero habíamos de dar a esta noción un sentido radicalísimo que sus autores no sospecharon jamás. Con ella se quiere decir que el hombre es capaz de fabricar instrumentos, útiles, trebejos que le sirvan para vivir. Es capaz... mas una realidad no se define por aquello que es capaz de hacer, pero que puede muy bien no hacer. Ahora no estamos fabricando instrumentos en el sentido que solía tener esa definición, y, sin embargo, somos hombres. Pero a esa definición, repito, puede dársele un sentido mucho más radical: el hombre siempre, en cada instante, está viviendo según lo que es el mundo para él: ustedes han venido aquí y están ahora oyéndome porque dentro de lo que es para ustedes el mundo, les parecía tener sentido venir aquí durante esta hora. Por tanto, en este hacer de ustedes que es haber venido, permanecer aquí y esforzar su atención a mis palabras, actualizan la concepción del mundo que tienen, es decir, que hacen mundo, que dan vigencia a un cierto mundo. Y lo mismo diría si en vez de estar aquí estuviesen ustedes haciendo otra cosa en cualquier otro sitio. Siempre lo harían en virtud del mundo o universo en que creen, en que piensan. Sólo que en un caso como el concreto nuestro, la cosa es aún más clara y literal: porque han venido muchos de ustedes a ver si oían algo nuevo sobre lo que es el mundo, a ver si juntos conmigo hacíamos un mundo un poco nuevo, aunque no sea más que en alguna de sus dimensiones, cuadrantes o provincias.

Con mayor o menor actividad, originalidad y energía, el hombre hace mundo, fabrica mundo constantemente y ya hemos visto que mundo o universo no es sino el esquema o interpretación que arma para asegurarse la vida. Diremos, pues, que el mundo es el instrumento por excelencia que el hombre produce, y el producirlo es una y misma cosa con su vida, con su ser. El hombre es un fabricante nato de universos.

He aquí, señores, por qué hay historia, por qué hay variación continua de las vidas humanas. Si seccionamos por cualquier fecha el pasado humano, hallamos siempre al hombre instalado en un mundo, como en una casa que se ha hecho para abrigarse. Ese mundo le asegura frente a ciertos problemas que le plantea la circunstancia, pero deja muchas aberturas problemáticas, muchos peligros sin resolver ni evitar. Su vida, el drama de su vida tendrá un perfil distinto según sea la perspectiva de problemas, según sea la ecuación de seguridades e inquietudes que ese mundo represente.

Con una relativa seguridad estamos ahora, por lo menos en cuanto al peligro de que un astro choque con la tierra y la destruya. ¿Por qué esa seguridad? Porque creemos en un mundo lo bastante racional para que sea posible la ciencia astronómica y ésta nos asegura que las probabilidades de ese choque son prácticamente nulas con respecto a nuestra vida. Es más, los astrónomos, que han sido siempre gentes maravillosas, se han entretenido en contar el número de años que faltan para que un astro dé un torniscón al sol y lo destruya: son, exactamente, un billón doscientos tres años. Podemos todavía conversar un rato.

Pero imaginen ahora ustedes que de pronto los fenómenos naturales comenzasen a contravenir las leyes de la física —esto es, que perdiésemos la confianza en la ciencia, que es, dicho sea de paso, la fe de que vive el hombre europeo actual. Nos encontraríamos ante un mundo irracional, es decir, impermeable a nuestra razón científica, que es lo único que nos permite asegurarnos cierto dominio sobre la circunstancia material. *Ipso facto*, nuestra vida, nuestro drama cambiaría de cariz profundamente —nuestra vida sería muy otra porque viviríamos en otro mundo. Se nos habría caído la casa en que estábamos instalados, no sabríamos, en todo lo material, a qué atenernos, volvería a azotar a la humanidad la plaga terrible que durante milenios la ha sobrecogido y mantenido prisionera: el pavor cósmico, el miedo de Pan, el terror pánico.

Pues bien; la cosa no es tan absolutamente remota de la realidad como puede suponerse. En estos días siente la humanidad civilizada un terror que hace treinta años, no más, desconocía. Hace treinta años creía estar en un mundo donde el progreso económico era indefinido y sin graves discontinuidades. Mas en estos últimos años el mundo ha cambiado: los jóvenes que comienzan a vivir plenamente ahora viven en un mundo de crisis económica que hace vacilar toda seguridad en este orden —y que quién sabe qué modificaciones insospechadas, hasta increíbles, puede acarrear a la vida humana.

Esto nos permite formular dos principios fundamentales para la construcción de la historia:

1.º El hombre constantemente hace mundo, forja horizonte.

2.º Todo cambio del mundo, del horizonte, trae consigo un cambio en la estructura del drama vital. El sujeto psicofisiológico que vive, el alma y el cuerpo del hombre puede no cambiar; no obstante, cambia su vida porque ha cambiado el mundo. Y el hombre no es su alma y su cuerpo, sino su vida, la figura de su problema vital.

El tema de la historia queda así formalmente precisado como el estudio de las formas o estructuras que ha tenido la vida humana desde que hay noticia.

Pero se dirá que la vida está siempre, continuamente cambiando de estructura. Porque si hemos dicho que el hombre hace constantemente mundo, quiere decirse que éste es modificado también constantemente y, por tanto, cambiará sin cesar la estructura de la vida. En último rigor esto es cierto. Al preparar la lección de hoy he tenido que pensar con más precisión ciertos puntos de lo que yo creo que es el mundo histórico, el cual no es sino una porción de mi mundo. Por tanto, se ha modificado éste en algunos detalles. Parejamente yo espero que esta lección varíe alguna facción, por menuda que sea, del mundo en que ustedes vivían al entrar hace un rato por esa puerta. Sin embargo, la arquitectura general del universo en que ustedes y yo vivíamos ayer queda intacta. Todos los días cambia un poco la materia de que están hechas las paredes de nuestra casa; no obstante, tenemos derecho a decir, si no nos hemos mudado, que habitamos en la misma casa que hace años. No hay, pues, que exagerar el rigor porque eso nos llevaría en este caso a algo falso. Cuando las modificaciones que sufre el mundo en que creo no afectan a sus principales elementos constructivos y su perfil general queda intacto, el hombre no tiene la impresión de que ha cambiado el mundo, sino sólo de que ha cambiado algo en el mundo.

Pero otra consideración sumamente obvia nos pone en la pista de qué género de modificaciones son las que deben valer como efectivo cambio de horizonte o mundo. La historia no se ocupa sólo de tal vida individual; aun en el caso de que el historiador se proponga hacer una biografía, encuentra a la vida de su personaje trabada con las vidas de otros hombres y las de ésos, a su vez, con otras —es decir, que cada vida está sumergida en una determinada circunstancia de una vida colectiva. Y esta vida colectiva, anónima, con la cual se encuentra cada uno de nosotros tiene también su mundo, su repertorio de convicciones con las cuales, quiera o no, el individuo tiene que contar. Es más, ese mundo de las creencias colectivas —que se suele llamar «las ideas de la época», el «espíritu del tiempo»— tiene un peculiar carácter que no tiene el mundo de las creencias individuales, a saber: que es vigente por sí, frente y contra nuestra aceptación de él. Una convicción mía, por firme que sea, sólo tiene vigencia para mí. Pero las ideas del tiempo, las convicciones ambientes son tenidas por un sujeto anónimo, que no es nadie en particular, que es la sociedad. Y esas ideas tienen vigencia aunque yo no las acepte —esa vigencia se hace sentir sobre mí, aunque sea negativamente. Están ahí, ineludiblemente, como está ahí esa pared y yo tengo que contar con ellas en mi vida, quiera o no, como tengo que contar con esa pared que no me deja pasar a su través y me obliga a buscar dócilmente la puerta o a ocupar mi vida en demolerla. Pero, claro es, que la influencia mayor que el espíritu del tiempo, el mundo vigente ejerce en cada vida, no la ejerce simplemente porque está ahí —o lo que es lo mismo, porque yo estoy en él y en él tengo que moverme y ser—, sino porque, en realidad, la mayor porción de mi mundo, de mis creencias provienen de ese repertorio colectivo, coinciden con ellas. El espíritu del tiempo, las ideas de la época en su inmensa porción y mayoría están en mí, son las mías. El hombre, desde que nace, va absorbiendo las convicciones de su tiempo, es decir, va encontrándose en el mundo vigente.

Esto, tan sencillo como es, nos proporciona una iluminación decisiva sobre los cambios propiamente históricos, sobre qué género de modificaciones debemos considerar como efectivos cambios del mundo y por ende de la estructura del drama vital.

Normalmente, el hombre hasta los veinticinco años no hace más que aprender, recibir noticias sobre las cosas que le proporciona su contorno social —los maestros, el libro, la conversación. En esos años, pues, se entera de lo que es el mundo, topa con las facciones de ese mundo que encuentra ahí ya hecho. Pero ese mundo no es sino el sistema de convicciones vigentes en aquella fecha. Ese sistema de convicciones se ha ido formando en un larguísimo pasado, algunos de sus componentes más elementales proceden de la humanidad más primitiva. Pero justamente las porciones de ese mundo, los asuntos de él más agudos han recibido una nueva interpretación de los hombres que representan la madurez de la época —y que regentan en todos los órdenes esa época— en las cátedras, en los periódicos, en el gobierno, en la vida artística y literaria. Como el hombre hace mundo siempre, esos hombres maduros han producido ésta o la otra modificación en el horizonte que encontraron. El joven se encuentra con este mundo a los veinticinco años y se lanza a vivir en él, por su cuenta, esto es, a hacer también mundo. Pero como él medita sobre el mundo vigente, que es el de los hombres maduros de su tiempo, su tema, sus problemas, sus dudas son distintas de las que sintieron estos hombres maduros que en su juventud meditaron sobre el mundo de los hombres maduros de su tiempo, hoy, ya muy ancianos, y así sucesivamente hacia atrás.

Si se tratase de uno o pocos jóvenes nuevos que reaccionan al mundo de los hombres maduros, las modificaciones a que su meditación les lleve serían escasas, tal vez importantes en algún punto, pero, en fin de cuentas, parciales. No podría decirse que su actuación cambia el mundo.

Pero el caso es que no se trata de unos pocos jóvenes —sino de todos los que son jóvenes en una cierta fecha, los cuales son más o tantos más en número que los hombres maduros.

Cada joven actuará sobre un punto del horizonte, pero entre todos actúan sobre la totalidad del horizonte o mundo —es decir, unos sobre el arte, otros sobre la religión o sobre cada una de las ciencias, sobre la industria, sobre la política. *Había de ser mínima* la modificación que en cada punto producen y, no obstante, tendremos que reconocer que han cambiado el cariz total del mundo, de suerte que unos años después, cuando otra tornada de muchachos inicia su vida se encuentra con un mundo que *en el cariz de su totalidad* es distinto del que ellos encontraron.

El hecho más elemental de la vida humana es que unos hombres mueren y otros nacen —que las vidas se suceden. Toda vida humana, por su esencia misma, está encajada entre otras vidas anteriores y otras posteriores —viene de una vida y va a otra subsecuente. Pues bien, en ese hecho, el más elemental, fundo la necesidad ineludible de los cambios en la estructura del mundo. Un automático mecanismo trae irremisiblemente consigo que en una cierta unidad de tiempo la figura del drama vital cambia, como en esos teatros de obras breves en que cada hora se da un drama o comedia diferente. No hace falta suponer que los actores son distintos: los mismos actores *tienen* que representar argumentos diferentes. No está dicho, sin más ni más, que el joven de hoy —esto es, su alma y su cuerpo— es distinto del de ayer; pero es irremediable que su vida es de armazón diferente que la de ayer.

Ahora bien, esto no es sino hallar la razón y el período de los cambios históricos en el hecho anejo esencialmente a la vida humana de que ésta tiene siempre una edad. La vida es tiempo —como ya nos hizo ver Dilthey y hoy nos reitera Heidegger—, y no tiempo cósmico imaginario y porque imaginario infinito, sino tiempo limitado, tiempo que se acaba, que es el verdadero tiempo, el tiempo irreparable. Por eso el hombre tiene edad. La edad es estar el hombre siempre en un cierto trozo de su escaso tiempo —es ser comienzo del tiempo vital, ser ascensión hacia su mitad, ser centro de él, ser hacia su término— o, como suele decirse, ser niño, joven, maduro o anciano.

Pero esto significa que toda actualidad histórica, todo «hoy» envuelve en rigor tres tiempos distintos, tres «hoy» diferentes o, dicho de otra manera, que el presente es rico de tres grandes dimensiones vitales las cuales conviven alojadas en él, quieran o no, trabadas unas con otras y, por fuerza, al ser diferentes, en esencial hostilidad. «Hoy» es para uno veinte años; para otros, cuarenta; para otros, sesenta; y eso, que siendo tres modos de vida tan distintos tengan que ser el mismo «hoy», declara sobradamente el dinámico dramatismo, el conflicto y colisión que constituye el fondo de la materia histórica, de toda convivencia actual. Y a la luz de esta advertencia se ve el equívoco oculto en la aparente claridad de una fecha. 1933 parece un tiempo único, pero en 1933 vive un muchacho, un hombre maduro y un anciano, y esa cifra se triplica en tres significados diferentes y, a la vez, abarca los tres: es la unidad en un tiempo histórico de tres edades distintas. Todos somos contemporáneos, vivimos en el mismo tiempo y atmósfera —en el mismo mundo—, pero contribuimos a formarlos de modo diferente. Sólo se coincide con los coetáneos. Los contemporáneos no son coetáneos: urge distinguir en historia entre coetaneidad y contemporaneidad. Alojados en un mismo tiempo externo y cronológico, conviven tres tiempos vitales distintos. Esto es lo que suelo llamar el anacronismo esencial de la historia. Merced a ese desequilibrio interior se mueve, cambia, rueda, fluye. Si todos los contemporáneos fuésemos coetáneos, la historia se detendría anquilosada, petrefacta, en un gesto definitivo, sin posibilidad de innovación radical ninguna.

Ahora bien; el conjunto de los que son coetáneos en un círculo de actual convivencia, es una generación. El concepto de generación no implica, pues, primariamente más que estas dos notas: tener la misma edad y tener algún contacto vital. Aún quedan en el planeta grupos humanos aislados del resto. Es evidente que aquellos individuos de esos grupos que tienen la misma edad que nosotros, no son de nuestra misma generación porque no participan de nuestro mundo. Pero esto indica, a su vez, 1.º, que si toda generación tiene una dimensión en el tiempo histórico, es decir, en la melodía de las generaciones humanas, viene justamente después de tal otra —como la nota de una canción suena según sonase la anterior. 2.º, que tiene también una dimensión en el espacio. En cada fecha el círculo de convivencia humana es más o menos amplio. En los comienzos de la Edad Media, los territorios que habían convivido en contacto histórico durante el buen tiempo del Imperio romano quedan, por muy curiosas causas, disociados, sumergido y absorto cada cual en sí mismo. Es una época de multiplicidad dispersa y discontinua. Casi cada gleba vive sola consigo. Por eso se produce una maravillosa diversidad de modos humanos que dio origen a las nacionalidades. Durante el Imperio, en cambio, se convive desde la frontera india hasta Lisboa, Inglaterra y la línea transrenana. Es un tiempo de uniformidad, y aunque las dificultades de comunicación dan un carácter sobremanera relativo a esa convivencia, puede decirse idealmente que los coetáneos desde Londres al Ponto formaban una generación. Y es muy diferente destino vital, muy distinta la estructura de la vida pertenecer a una generación de amplia uniformidad o a una angosta, de heterogeneidad y dispersión. Y hay generaciones cuyo destino consiste en romper el aislamiento de un pueblo y llevarlo a convivir espiritualmente con otros, integrándolo así en una unidad mucho más amplia, metiéndolo, por decirlo así, de su historia retraída, particular y casera, en el ámbito gigantesco de la historia universal.

Comunidad de fecha y comunidad espacial son, repito, los atributos primarios de una generación. Juntos significan la comunidad de destino esencial. El teclado de circunstancia en que los coetáneos tienen que tocar la sonata apasionada de su vida es el mismo en su estructura fundamental. Esta identidad de destino produce en los coetáneos coincidencias secundarias que se resumen en la unidad de su estilo vital.

Alguna vez he representado a la generación como «una caravana dentro de la cual va el hombre prisionero, pero a la vez secretamente voluntario y satisfecho. Va en ella fiel a los poetas de su edad, a las ideas políticas de su tiempo, al tipo de mujer triunfante en su mocedad y hasta al modo de andar usado a los veinticinco años. De cuando en cuando se ve pasar otra caravana con su raro perfil extranjero: es la otra generación. Tal vez, en un día festival la orgía mezcla a ambas, pero a la hora de vivir la existencia normal, la caótica fusión se disgrega en los dos grupos verdaderamente orgánicos. Cada individuo reconoce misteriosamente a los demás de su colectividad, como las hormigas de cada hormiguero se distinguen por una peculiar odoración. El descubrimiento de que estamos fatalmente adscritos a un cierto grupo de edad y a un estilo de vida, es una de las experiencias melancólicas que, antes o después, todo hombre sensible llega a hacer. Una generación es un modo integral de existencia o, si se quiere, una moda, que se fija indeleble sobre el individuo. En ciertos pueblos salvajes se reconoce a los miembros de cada grupo coetáneo por su tatuaje. La moda de dibujo epidérmico que estaba en uso cuando eran adolescentes ha quedado incrustada en su ser»*.

En el «hoy», en todo «hoy» coexisten articuladas varias generaciones, y las relaciones que entre ellas se establecen, según la diversa condición de sus edades, representan el sistema dinámico, de atracciones y repulsiones, de coincidencia y polémica, que constituye en todo instante la realidad de la vida histórica. La idea de las generaciones, convertida en método de investigación histórica, no consiste más que en proyectar esa estructura sobre todo el pasado. Todo lo que no sea esto es renunciar a descubrir la auténtica realidad de la vida humana en cada tiempo —que es la misión de la historia. El método de las generaciones nos permite ver esa vida desde dentro de ella, en su actualidad. La historia es convertir virtualmente en presente lo que ya pasó. Por eso —y no sólo metafóricamente— la historia es revivir el pasado. Y como vivir no es sino actualidad y presente, tenemos que transmigrar de los nuestros a los pretéritos, mirándolos no desde fuera, no como sidos, sino como siendo.

Pero ahora necesitamos precisar un poco más.

---

* [En «Para la historia del amor», en *Estudios sobre el amor y otros ensayos,* de esta misma colección, p. 22].

La generación, decíamos, es el conjunto de hombres que tienen la misma edad.

Aunque parezca mentira se ha pretendido una y otra vez rechazar *a limine* el método de las generaciones oponiendo la ingeniosa observación de que todos los días nacen hombres y, por tanto, sólo los que nacen en el mismo día tendrían, *en rigor*, la misma edad, por tanto, que la generación es un fantasma, un concepto arbitrario que no representa una realidad, que antes bien, si lo usamos, tapa y deforma la realidad. La historia necesita de una peculiar exactitud, precisamente la exactitud histórica que no es la matemática, y cuando se quiere suplantar aquélla con ésta se cae en errores como el de esta objeción que podía muy bien haber extremado más las cosas reclamando el nombre de coetáneos exclusivamente para los nacidos en una misma hora o en un mismo minuto.

Pero convendría haber caído en la cuenta de que el concepto de edad no es de sustancia matemática, sino vital. La edad, originariamente, no es una fecha. Antes de que se supiese contar, la sociedad —en los pueblos primitivos— aparecía y aparece organizada en las clases llamadas de edad. Hasta tal punto este hecho elementalísimo de la vida es una realidad, que espontáneamente da forma al cuerpo social dividiéndolo en tres o cuatro grupos, según la altitud de la existencia personal. La edad es, dentro de la trayectoria vital humana, un cierto modo de vivir —por decirlo así, es dentro de nuestra vida total una vida con su comienzo y su término: se empieza a ser joven y se deja de ser joven, como se empieza a vivir y se acaba de vivir. Y ese modo de vida que es cada edad —medido externamente según la cronología del tiempo cósmico, que no es vital, del tiempo que se mide con relojes— se extiende durante una serie de años. No se es joven sólo un año. No es joven sólo el de veinte, pero no el de veintidós. Se está siendo joven una serie determinada de años y lo mismo se está en la madurez durante cierto tiempo cósmico. La edad, pues, no es una fecha, sino una «zona de fechas» y tienen la misma edad, vital e históricamente, no sólo los que nacen en un mismo año, sino los que nacen dentro de una zona de fechas.

Si cada uno de ustedes recapacita sobre quiénes son sentidos por él como coetáneos, como de su generación, hallará que no sabe la edad-año de esos prójimos, pero podrá fijar cifras extremas hacia arriba y hacia abajo y dirá: Fulano ya no es de mi tiempo, es un muchacho todavía o es ya hombre maduro.

No es, pues, ateniéndonos a la cronología estricta, matemática de los años como podemos precisar las edades.

Porque ¿cuántas y cuáles son las edades del hombre? En otro tiempo, cuando la matemática no había aún devastado el espíritu de la vida —allá en el mundo antiguo, y en la Edad Media y aun en los comienzos de la modernidad— meditaban los sabios y los ingenuos sobre esta gran cuestión. Había una teoría de las edades, y Aristóteles, por ejemplo, no ha desdeñado dedicar a ella algunas páginas espléndidas.

Hay para todos los gustos: se ha segmentado la vida humana en tres y cuatro edades —pero también en cinco, en siete y aun en diez. Nada menos que Shakespeare, en la comedia *A vuestro gusto*, es partidario de la división septenaria.

«El mundo entero es un teatro y todos los hombres y las mujeres no más que actores de él: hacen sus entradas y sus salidas, y los actos de la obra son siete edades».

A lo que sigue una caracterización de cada una de éstas.

Pero es innegable que sólo las divisiones en tres y en cuatro han tenido permanencia en la interpretación de los hombres. Ambas son canónicas en Grecia y en el Oriente, en el primitivo fondo germánico. Aristóteles es partidario de la más simple: juventud, plenitud o *akmé* y vejez. En cambio, una fábula de Esopo, que recoge reminiscencias orientales y una añeja conseja germánica que Jacobo Grimm espumó nos hablan de cuatro edades: «Quiso Dios que el hombre y el animal tuviesen el mismo tiempo, treinta años. Pero los animales notaron que era para ellos demasiado tiempo, mientras al hombre le parecía muy poco. Entonces vinieron a un acuerdo, y el asno, el perro y el mono entregan una porción de los suyos que son acumulados al hombre. De este modo consigue la criatura humana vivir setenta años. Los treinta primeros los pasa bien, goza de salud, se divierte y trabaja con alegría, contento con su destino. Pero luego vienen los dieciocho años del asno y tiene que soportar carga tras carga: ha de llevar el grano que otro se come y aguantar puntapiés y garrotazos por sus buenos servicios. Luego vienen los doce años de una vida de perro: el hombre se mete en un rincón, gruñe y enseña los dientes, pero tiene ya pocos dientes para morder. Y cuando este tiempo pasa, vienen los diez años de mono, que son los últimos: el hombre se chifla y hace extravagancias, se ocupa en manías ridículas, se queda calvo y sirve sólo de risa a los chicos».

Esta conseja, cuyo dolorido realismo caricaturesco lleva la marca típica de la Edad Media, muestra acusadamente cómo el concepto de edades se forma primariamente sobre las etapas del drama vital, que no son cifras, sino modos de vivir.

Plutarco, en la vida de Licurgo, cita tres versos que se suponen recitados por sendos coros:

Los viejos: Nosotros hemos sido guerreros muy fuertes.
Los jóvenes: Nosotros lo somos: si tenéis gana —miradnos
a la cara.
Los muchachos: Pero nosotros seremos mucho más fuertes
todavía.

Aludo a todo esto y transcribo estos lugares para hacerles ver la profunda resonancia que en la preocupación vital de los hombres encuentra este tema de las edades desde los tiempos más remotos.

Pero hasta ahora el concepto de edad preocupaba sólo desde el punto de vista de la vida individual. De aquí, entre otras cosas, la vacilación sobre el ciclo y carácter de las edades: niños, jóvenes, viejos —como en la cita de Plutarco. Joven, maduro, viejo, decrépito —como en la fábula esópica. Joven, maduro, anciano —como en Aristóteles.

Comencemos el próximo día con el intento de fijar las edades y el tiempo de cada una desde el punto de vista de la historia. La realidad histórica y no nosotros es quien tiene que decidir.

LECCIÓN IV

EL MÉTODO DE LAS GENERACIONES EN HISTORIA

En todo momento el hombre vive en un mundo de convicciones, la mayor parte de las cuales son convicciones comunes a todos los hombres que conviven en su época: es el espíritu del tiempo. A esto hemos llamado el mundo vigente, para indicar que no sólo tiene la realidad que le presta nuestra convicción, sino que se nos impone, queramos o no, como ingrediente principalísimo de la circunstancia. Como el hombre se encuentra con el cuerpo que le ha caído en suerte y tiene que vivir en él y con él, así se encuentra con las ideas de su tiempo y en ellas y con ellas —aunque sea en el modo peculiar de contra ellas— tiene que vivir. Ese mundo vigente —ese «espíritu del tiempo»— hacia el cual y en

63

En torno a Galileo

función del cual vivimos, en vista del cual decidimos nuestras más simples acciones, es el elemento variable de la vida humana. Cuando cambia él, cambia el argumento del drama vital. Del cambio del mundo, mucho más que del cambio de caracteres, razas, etcétera, dependen las modificaciones importantes en la estructura de la vida humana. Y como el tema de la historia no es la vida humana, que es asunto de la filosofía —sino los cambios, las variaciones de ella—, tendremos que el mundo vigente en cada fecha es el factor primordial de la historia. Pero ese mundo cambia con cada generación porque la anterior ha hecho algo en el mundo, lo ha dejado más o menos distinto de como lo encontró. Hasta visualmente es distinto el Madrid con que hoy se encuentran los que tienen veinte años del Madrid con el cual tuvieron que habérselas mis floridos veinte años. De ahí para arriba todo el resto ha cambiado mucho más. El perfil del mundo es otro y consecuentemente la estructura de la vida. Esto me hizo decir allá por 1914 y luego en un libro que se publicó en 1921, que la generación era el concepto fundamental de la historia, cuando nadie en Europa hablaba de ello. Hace unos años, muy pocos, un historiador del arte, Pinder, fundándose en aquellos párrafos míos que desmedidamente elogia pero que no logra interpretar bien, publicó su libro sobre *El problema de las generaciones*, que ha disparado, por vez primera, la atención de los historiadores sobre el asunto, porque todas las indicaciones que antes se habían hecho, salvo el libro farragoso y contraproducente de Ottokar Lorenz, y el que cité de Drommel, que nadie conocía, aparecidos ambos en el siglo pasado, eran levísimas, de unas cuantas líneas no más y a veces de unas cuantas palabras. Creo, pues, haber contribuido a la iniciación formal y deliberada de este método de las generaciones, aunque por mi desidia —que me lleva a hablar de las cosas y no publicarlas— haya esperado a este curso para exponer a fondo mi idea. Como decía, Pinder, no obstante su favorable acogida, no lo ha entendido en lo más esencial. No es culpa suya porque los párrafos que él pudo leer, en la traducción alemana de uno de mis libros, no desarrollan suficientemente el pensamiento. Pero lo que no comprendo es que eche de menos en ellos la distinción entre contemporáneos y coetáneos, cuando es ésta la clave de los párrafos mismos que él cita. A diferencia, en efecto, de todas las otras teorías sobre las generaciones y aun de la idea tradicional y viejísima acerca de ellas, yo las tomo, no como una sucesión, sino como una polémica, siempre que se entienda en serio esta palabra y no se la frivolice como hacen ahora los jóvenes; por tanto, siempre que no se crea que la vida de cada generación consiste formalmente en pelearse con la anterior, que es lo que han creído en estos últimos quince años los jóvenes cometiendo un error mucho más grave de lo que sospechan y que tiene raíces muy hondas, que traerá consecuencias catastróficas —se entiende para ellos, porque los que no son jóvenes no sufren ya catástrofes. La polémica no es, por fuerza, de signo negativo, sino que, al contrario, la polémica constitutiva de las generaciones tiene en la normalidad histórica la forma o es formalmente secuencia, discipulado, colaboración y prolongación de la anterior por la subsecuente.

Digo, pues, que se ha confundido hasta ahora, más o menos, la idea de las generaciones con la genealogía, con la serie biológica —podía mejor decirse zoológica—, de hijos, padres, abuelos. Todas las historias primitivas, por ejemplo, las hebreas, están construidas al hilo de las genealogías. Así empieza el Evangelio de San Mateo: «Libro de la generación de Jesucristo, hijo de David, hijo de Abraham. Abraham engendró a Isaac. E Isaac engendró a Jacob. Y Jacob engendró a Judas y sus hermanos, etcétera, etcétera». De esta manera el historiador primitivo coloca a Jesús en la altura determinada del destino general humano que miden las generaciones genealógicas. Esto revela una aguda intuición de que la vida de un hombre está encajada en un proceso más amplio, dentro del cual representa un estadio. El individuo está adscrito a su generación, pero la generación está, no en cualquiera parte —utópica y ucrónicamente—, sino entre dos generaciones determinadas. Lo mismo que en nuestra vida individual el acto que ejecutamos ahora, por tanto, lo que ahora somos, asume un trozo irreparable del tiempo definido que va a durar nuestra existencia, así cada generación representa un trozo esencial, intransferible e irreparable del tiempo histórico, de la trayectoria vital de la humanidad. Por eso es el hombre sustancialmente histórico: por eso decía yo a ustedes en la primera lección que la vida es lo contrario del utopismo y el ucronismo —es tener que estar en un cierto aquí y en un insustituible y único ahora. El presente del destino humano, presente en el cual estamos viviendo —mejor dicho, presente que somos nosotros; se entiende, nuestras vidas individuales— es el que es porque sobre él gravitan todos los otros presentes, todas las otras generaciones. Si esos presentes pasados, si la estructura de la vida en esas generaciones hubiese sido otra, nuestra situación sería también distinta. En este sentido cada generación humana lleva en sí todas las anteriores y es como un escorzo de la historia universal. Y en el mismo sentido es preciso reconocer que el pasado es presente, somos su resumen, que nuestro presente está hecho con la materia de ese pasado, el cual pasado, por tanto, es actual —es la entraña, el entresijo de lo actual. Es, pues, en principio indiferente que una generación nueva aplauda o silbe a la anterior —haga lo uno o haga lo otro, la lleva dentro de sí. Si no fuera tan barroca la imagen deberíamos representarnos las generaciones no horizontalmente, sino en vertical, unas sobre otras, como los acróbatas del circo cuando hacen la torre humana. Unos sobre los hombros de los otros, el que está en lo alto goza la impresión de dominar a los demás, pero debía advertir, al mismo tiempo, que es su prisionero. Esto nos llevaría a percatarnos de que el pasado no se ha ido sin más ni más, de que no estamos en el aire sino sobre sus hombros, de que estamos en el pasado, en un pasado determinadísimo que ha sido la trayectoria humana hasta hoy, la cual podía haber sido muy distinta de la que ha sido, pero que una vez sida es irremediable, está ahí —es nuestro presente en el que, queramos o no, braceamos náufragos.

Bajo la confusión de las generaciones históricas con las genealógicas —hijos, padres, abuelos— late, pues, un certero reconocimiento de que es la generación el concepto que expresa la efectiva articulación de la historia y que, por lo mismo, es el método fundamental para la investigación histórica. Y no es extraño que el único libro seriamente dedicado hasta ahora al tema de las generaciones, el de Ottokar Lorenz, caiga de cabeza en esta confusión y exponga una teoría genealógica que, como era inevitable, hizo por completo estéril el voluminoso esfuerzo.

Al interpretar las generaciones en el sentido de la genealogía se subraya en ellas exclusivamente lo que tienen de sucesión. Por eso Homero, coincidiendo en su intención con la Biblia y, repito, con todo primitivismo histórico, las compara a las hojas secas que nacen en otoño para ser sustituidas en la sazón vernal por otras nuevas. ¡Sucesión, sustitución! Todo ello proviene de que se forma el concepto de generación desde el punto de vista del individuo, bajo una perspectiva subjetiva y familiar —hijos, padres, abuelos. Tal concepción se apoya en una idea de las edades que es también subjetiva y privada. Se entiende por juventud un cierto estado del cuerpo y del alma del hombre bien distinto del estado que ambos —cuerpo y alma— presentan en la vejez. Pero esto supone que el hombre primordialmente es su cuerpo y su alma. Contra este error va todo mi pensamiento. El hombre es primariamente su vida —una cierta trayectoria con tiempo máximo prefijado. Y la edad, según vimos en la lección pasada, es ante todo una etapa de esa trayectoria y no un estado de su cuerpo ni de su alma. Hay hombres que llegan al cabo de una larga existencia con una ininterrumpida plenitud corporal que, por sí sola, no permitiría distinguir entre su plena juventud, su madurez y su ancianidad. En el orden intelectual la cosa es aún más clara. Porque es bien notorio que la plenitud de intelección se logra en torno a los cincuenta años. Esa edad sería, pues, la juventud de su mente. Pero no hay tal: ese hombre de juventud física inmarcesible ha pasado como cualquier otro por las etapas inexorables de la existencia: joven aún de cuerpo, tuvo que vivir en madurez y luego vivir una vida vieja. Y, en efecto, Aristóteles pone la *akmé* o florecimiento corporal entre los treinta y treinta y cinco, y la *akmé* intelectual, con un exceso de precisión no poco sorprendente, en los cincuenta y uno. Con lo cual, dicho sea de paso, revela su adscripción al error perenne, en él mayor que en nadie, de creer que el hombre es sustancialmente el organismo biológico —cuerpo y alma— con que el hombre vive.

La averiguación esencial de que hablando del hombre lo sustantivo es su vida y todo lo demás adjetivo, que el hombre es drama, destino y no cosa, nos proporciona súbito esclarecimiento a todo este problema. Las edades lo son de nuestra vida y no, primariamente, de nuestro organismo —son etapas diferentes en que se segmenta nuestro quehacer vital. Recuerden ustedes que la vida no es sino lo que tenemos que hacer, puesto que tenemos que hacérnosla. Y cada edad es un tipo de quehacer peculiar. Durante una primera etapa, el hombre se entera del mundo en que ha caído, en que tiene que vivir —es la niñez y toda la porción de juventud corporal que corre hasta los treinta años. A esta edad el hombre comienza a reaccionar por cuenta propia frente al mundo que ha hallado, inventa nuevas ideas sobre los problemas del mundo —ciencia, técnica, religión, política, industria, arte, modos sociales. Él mismo u otros hacen propaganda de toda esa innovación, como, viceversa, integran sus creaciones con las de otros coetáneos obligados a reaccionar como ellos ante el mundo que encontraron. Y así, un buen día, se encuentran con que su mundo innovado, el que es obra suya, queda convertido en mundo vigente. Es lo que se acepta, lo que rige —en ciencia, política, arte, etcétera. En ese momento empieza una nueva etapa de la vida: el hombre sostiene el mundo que ha producido, lo dirige, lo gobierna, lo defiende. Lo defiende porque unos nuevos hombres de treinta años comienzan, por su parte, a reaccionar ante ese nuevo mundo vigente.

Esta descripción pone de manifiesto que para la historia hay una porción determinada de nuestra vida que es la más importante. El niño y el anciano apenas si intervienen en la historia: aquél todavía; éste ya no. Pero tampoco en la primera juventud tiene el hombre actuación histórica positiva. Su papel histórico, público, es pasivo. Aprende en las escuelas y oficios, sirve en las milicias. Lo que en el niño y el joven es vida actuante, queda bajo el umbral de lo histórico y se refiere a lo personal. En efecto, es la etapa formidablemente egoísta de la vida. El hombre joven vive para sí. No crea cosas, no se preocupa de lo colectivo. Juega a crear cosas —por ejemplo, se entretiene en publicar revistas de jóvenes—, juega a preocuparse de lo colectivo, y esto a veces con tal frenesí y aun con tal heroísmo, que a un desconocedor de los secretos de la vida humana le llevaría a creer en la autenticidad de la preocupación. Mas, en verdad, todo ello es pretexto para ocuparse de sí mismo y para que se ocupen de él. Le falta aún la necesidad sustancial de entregarse verdaderamente a la obra, de dedicarse, de poner su vida en serio y hasta la raíz a algo trascendente de él, aunque sea sólo a la humilde obra de sostener con la de uno la vida de una familia.

La realidad histórica está, pues, en cada momento constituida por la vida de los hombres entre treinta y sesenta años. Y aquí viene el punto más grave de mi doctrina. Esa etapa de treinta a sesenta, ese período de plena actividad histórica del hombre ha sido considerado siempre como una sola generación, como un tipo de vida homogéneo. Llevó a ello la viciosa óptica que hace ver en la serie de las generaciones sólo lo que en ella hay de sucesión y sustitución.

Rectifiquemos esta óptica.

Partamos del hombre alrededor de los treinta años y que se ocupa, por ejemplo, de ciencia. A esa edad ha aprendido la ciencia que estaba ahí, se ha instalado en el mundo científico vigente. Pero ¿quién sostiene y lleva ese estado vigente de la ciencia? No tiene duda: son los hombres entre cuarenta y cinco y sesenta años. Entre él y los que representan el saber establecido ya, el que está ahí presto para ir siendo recibido y que él, el hombre de treinta, ha sido el primero en asimilar. De treinta a cuarenta y cinco corre la etapa en que normalmente un hombre encuentra todas sus nuevas ideas; por lo menos, las matrices de su original ideología. Después de los cuarenta y cinco viene sólo el desarrollo pleno de las inspiraciones habidas entre los treinta y los cuarenta y cinco.

Lo propio acontece en política: de los treinta a los cuarenta y cinco, el hombre combate en pro de ciertos ideales públicos, nuevas leyes, nuevas instituciones. Y lucha con los que están en el Poder, que suelen ser individuos de cuarenta y cinco a sesenta años.

En arte acontece lo propio.

Pues qué, ¿no pasa lo mismo en un orden históricamente más importante de lo que se ha creído hasta aquí y con el estudio del cual es preciso integrar la nueva historia? Me refiero a esa gran dimensión de la vida humana en que pone su decisiva influencia el otro gran hecho elemental de lo humano que junto a las edades articula la vida: la diferencia sexual y su dinamismo en la forma de los amores. Pues bien: de los treinta a los cuarenta y cinco corre la etapa en que el hombre interesa verdaderamente a la mujer. Cómo y por qué, son preguntas indiscretas para responder a las cuales yo necesitaría un curso entero —un curso, por cierto, que es preciso hacer alguna vez y no en cualquier sitio, sino en una Universidad—, porque se trata de uno de los temas más graves y más serios de la vida humana y de su historia. ¡Ah, no faltaba más! Hasta ahora, al hablar de la historia y de las generaciones parecía que hablábamos sólo de los varones, como si las mujeres, que son ciertamente unas pocas, no existiesen; como si no interviniesen en la historia o hubiesen esperado milenios y milenios a intervenir hasta que se les concediera el voto electoral. Y, en efecto, la historia que se ha escrito hasta aquí es, en principio, historia de hombres solos —como ciertos espectáculos que se anuncian «sólo para hombres». Pero es que la más efectiva, permanente, genuina y radical intervención de la mujer en la historia se verifica en esta dimensión de los amores. Ello nos da ocasión para hacer notar de paso —y el hecho confirma nuestra idea de que la generación no implica, por fuerza, una identidad de fecha natalicia— que las mujeres de una generación son constitutivamente, y no por azar, un poco más jóvenes que los hombres de esa misma generación, dato más importante de lo que a primera vista parece.

Pero volvamos a lo más urgente en esta exposición.

Vemos que la más plena realidad histórica es llevada por hombres que están en dos etapas distintas de la vida, cada una de quince años: de treinta a cuarenta y cinco, etapa de gestación o creación y polémica; de cuarenta y cinco a sesenta, etapa de predominio y mando. Estos últimos viven instalados en el mundo que se han hecho; aquéllos están haciendo su mundo. No caben dos tareas vitales, dos estructuras de la vida más diferentes. Son, pues, dos generaciones y ¡cosa paradójica para las antiguas ideas sobre nuestro asunto!, lo esencial en esas dos generaciones es que ambas tienen puestas sus manos en la realidad histórica al mismo tiempo —tanto que tienen puestas las manos unas sobre otras en pelea formal o larvada. Por tanto, lo esencial es, no que se suceden, sino, al revés, que conviven y son contemporáneas, bien que no coetáneas. Permítaseme hacer, pues, esta corrección a todo el pasado de meditaciones sobre este asunto: lo decisivo en la idea de las generaciones no es que se suceden, sino que se solapan o empalman. Siempre hay dos generaciones actuando al mismo tiempo, con plenitud de actuación, sobre los mismos temas y en torno a las mismas cosas —pero con distinto índice de edad y, por ello, con distinto sentido.

En cuanto a los mayores de sesenta años, ¿es que no tienen ya papel en esa realidad histórica? Sí que lo tienen, pero sumamente sutil. Basta con caer en la cuenta de que, en comparación con las otras edades los mayores de sesenta años son muy pocos —en este sentido, su simple existencia es ya algo excepcional. Pues así es también su intervención en la historia: excepcional. El anciano es, por esencia, un superviviente y actúa, cuando actúa, como tal superviviente. Unas veces porque es un caso insólito de espiritual frescor que le permite seguir creando nuevas ideas o eficaz defensa de las ya establecidas. Otras, las normales, se recurre al anciano precisamente porque ya no vive en esta vida, está fuera de hecho, ajeno a sus luchas y pasiones. Es superviviente de una vida que murió hace quince años. De aquí que los hombres de treinta, que están en lucha con la vida que llegó después de ésa, busquen con frecuencia a los ancianos para que les ayuden a combatir contra los hombres dominantes.

Las «jerusias», senados, etcétera, fueron en su significado primitivo cuerpos al margen de la vida actual, a los cuales
se recurría en busca de consejo, precisamente como a instancia inactual, precisamente porque ya no eran la plena y
efectiva realidad histórica.

Tenemos, según esto, que desde el punto de vista importante a la historia, la vida del hombre se divide en cinco
edades de a quince años: niñez, juventud, iniciación, predominio y vejez. El trozo verdaderamente histórico es el de
las dos edades maduras: la de iniciación y la de predominio. Yo diría, pues, que una generación histórica vive quince años de gestación y quince de gestión.

Pero con todo esto nos falta lo que, para hacer de la generación un riguroso método de investigación histórica, es
más inexcusable. Precisar de qué fecha cronológica a cuál
otra fecha se extiende una generación. Sabemos que dura
quince años; bien: pero ¿cómo distribuimos concretamente en grupos de quince años los años del tiempo histórico?

Como siempre, lo primero que se nos ocurre es partir de
una perspectiva personal y privada, cada cual de sí mismo.
El hombre tiende siempre a hacerse centro del Universo y,
cuando ese hombre da la casualidad de que es español, entonces mucho más.

Tal joven que me escucha desea saber a qué generación
pertenece y partiendo de sí mismo se encuentra con tres
posibilidades. Supongamos que ese joven cumple en este
año de 1933 los treinta años. Como la generación, dijimos,
no es una fecha sino una «zona de fechas» que hoy hemos
fijado en quince años, ese joven no puede saber si su fecha
actual de treinta años pertenece a los quince años hacia
atrás o a los quince hacia adelante, o bien, si él está en me-

dio de la zona de su generación teniendo a ambos lados dos series de siete años. Dicho en otra forma, desde la perspectiva individual el hombre no puede estar seguro de si en su fecha de edad comienza una generación o si acaba, o bien, si es ella el centro de la generación.

Esto demuestra indirectamente el carácter objetivo, histórico y no privado del concepto de generación.

Es esencial a este concepto, según hemos visto, que toda generación surge entre otras dos, cada una de las cuales confina con otra y así sucesivamente. Es decir, que la generación implica ineludiblemente la serie toda de las generaciones. De aquí que determinar la zona de fechas cronológicas que a una generación corresponde, sólo puede hacerse determinando la totalidad de la serie.

¿Cómo se logra esto? He aquí el procedimiento que yo propongo a los historiadores.

Tómese un gran ámbito histórico dentro del cual se ha producido un cambio en el vivir humano que sea radical, evidente, incuestionable. Es decir, partamos de un momento histórico en que el hombre vive tranquilamente instalado en una cierta figura de mundo. Por ejemplo, en 1300 —la hora de Dante. Si deslizamos la mirada por el tiempo que sigue, vemos con toda claridad que el hombre europeo va perdiendo tranquilidad con respecto a su mundo. Un poco más allá vemos que ese mundo se viene abajo y el hombre no sabe qué posición tomar. Seguimos y arribamos a otra fecha en que le hallamos nuevamente tranquilo. Se ha instalado de nuevo en un mundo cierto y en él persevera complacido durante siglos. Este panorama nos hace tomar contacto evidente con tres épocas: La Edad Media que vive en plenitud hasta 1350; la Edad Moderna, que vive en plenitud desde 1630, y entre medias, una época de indecisión.

La Edad Media no nos interesa ahora y la tomamos como mero punto de referencia. La época de indecisión, por su mismo carácter indeciso, no nos permite hacer pie para ninguna determinación firme. La Edad Moderna, en cambio, nos muestra con sobrada claridad el desarrollo insistente y continuo de ciertos principios de vida que fueron por vez primera definidos en una cierta fecha. Esta fecha es la decisiva en la serie de las fechas que integran la Edad Moderna. En ella vive una generación que por vez primera piensa los nuevos pensamientos con plena claridad y completa posesión de su sentido: una generación, pues, que ni es todavía precursora, ni es ya continuadora. A esa generación llamo generación decisiva.

En el orden del pensamiento filosófico y de las altas ciencias a que he reducido el tema de este curso, no hay duda alguna de cuándo acontece esa maduración ejemplar del tiempo nuevo: es el período que va de 1600 a 1650. Se trata de aislar en ese período la generación decisiva.

Para esto se busca la figura que con mayor evidencia represente los caracteres sustantivos del período. En nuestro caso, no parece discutible que ese hombre es Descartes. Pocas veces un innovador lo ha sido tan decisiva y plenariamente; quiero decir, que haya dado su innovación en forma más madura, consciente de sí misma, en formulación ya perfecta.

Con esto tenemos el «epónimo de la generación decisiva», logrado lo cual, el resto es obra del automatismo matemático. Anotamos la fecha en que Descartes cumplió los treinta años: 1626. Ésa será la fecha de la generación de

Descartes —punto de partida para fijar a uno y otro lado las demás, sin más que añadir o restar grupos de quince años. Así la fecha de la próxima generación anterior es 1611, que es la generación de Hobbes, de Hugo Grocio; luego 1596, que, sea dicho de paso, es la generación de Galileo, de Keplero y de Bacon —una generacioncita—; luego 1581, que es la generación de Giordano Bruno, de Tycho Brahe y de nuestro Cervantes, Suárez y nuestro Sánchez el escéptico; luego 1566, la generación de Montaigne, de Bodino, que sigue a la de 1551, una generación sin grandes figuras. No es obligatorio para una generación poseer grandes hombres: no es obligatorio, es simplemente lamentable. Pero la vida humana no es más ni menos real, no deja de tener su figura propia y exclusiva porque sea ilustre o mediocre.

Pero ¿cómo hemos agrupado esos nombres en cada generación, si han nacido en años diferentes? Las fechas 1626, 1611, 1596, etcétera, han sido denominadas por mí fechas de generaciones, no de personas. Sólo en el caso inicial hemos elegido como fecha de una generación la fecha de los treinta años de un hombre determinado. Colocados, pues, en 1626, decimos: esta fecha es el centro de la zona de fechas que corresponde a la generación decisiva. Por tanto, pertenecerán a ella los que hayan cumplido treinta años, siete años antes o siete años después de esa fecha. Por ejemplo, el filósofo Hobbes nace en 1588 —cumple los treinta en 1618. Sus treinta años distan de los treinta de Descartes, ocho. Está, pues, lindando con la generación de Descartes: un año menos y pertenecería a ella. Pero el automatismo matemático nos obliga a colocarlo, por lo pronto, en otra anterior.

¿Qué se pretende con esto? ¿Que el automatismo matemático decida con su característica estupidez y abstracción de la realidad histórica? En modo alguno. Esa serie precisa de generaciones nos sirve como una retícula con que nos acercamos a los hechos históricos para ver si éstos toleran el ser ordenados y ajustados en aquélla. Imaginen que no es así: que Hobbes, una vez comparado con Descartes, aparece como representando una misma estructura vital que Descartes, colocándose ante el problema intelectual del mundo en idéntica altitud que Descartes. Entonces es que nuestra serie ha sido erróneamente articulada: habrá que correr toda la serie y así sucesivamente hasta que la articulación de las fechas coincida con la efectiva articulación histórica y Hobbes pertenezca a la misma generación que Descartes. De hecho, acontece que el caso Hobbes confirma rigorosamente la seriación propuesta. El automatismo matemático nos insinúa que Hobbes pertenece a otra generación, pero que representa la linde misma que confina con el modo de pensar cartesiano. El estudio de su obra, el análisis de la actitud general con que se acerca a los problemas, coincide exactamente con ese pronóstico. Hobbes llega casi a ver las cosas como Descartes —pero ese casi es sintomático. Su distancia a Descartes es mínima y es la misma en todas las cuestiones. No es, pues, que coincida con Descartes en tal punto y discrepe en tal otro —no—; diríamos, para expresar con rigor la curiosísima relación entre ambos, que coinciden un poco en todo y en todo discrepan un poco. Como si dos hombres mirasen un mismo paisaje situado el uno algunos metros más arriba que el otro. Se trata, pues, de una diferencia de altitud en la colocación. Pues esa diferencia de nivel vital es lo que yo llamo una generación.

Desde que existe democracia —por tomar un ejemplo cualquiera—, cada generación tenía por fuerza que ver sus problemas desde una altura distinta. No puede ser la misma la experiencia que de la democracia tiene la generación que la inaugura y la que recibe de ella la generación siguiente y así en adelante. Aun viviendo todas dentro del horizonte y la fe democráticos, su actitud, con respecto a ella, tenía que ser distinta.

Según lo dicho, no somos nosotros quienes en virtud de nuestras impresiones inmediatas podemos juzgar a qué generación histórica pertenecemos. Es la historia quien, construyendo la realidad del pasado hasta nuestro presente, estatuye la serie efectiva de las generaciones. Faena tal no está aún cumplida, ni siquiera iniciada: es la que, a mi juicio, va a emprender la nueva ciencia histórica.

Lo único que podemos aprovechar, desde luego, para la concepción de nuestro tiempo, es el principio general de que cada quince años cambia el cariz de la vida. En su biografía de Agrícola, Tácito emplea una frase que hasta ahora no había sido aclarada a fondo, una frase enigmática que es ésta: *Per quindecim annos, grande mortalis aevi spatium*. Durante quince años, etapa muy importante en la vida del hombre. Y no lo dice al azar, sino en un párrafo en que se ocupa a la vez de la trayectoria vital del individuo y de los cambios de la historia. Hoy creo que esa frase enigmática queda suficientemente esclarecida.

Con esa presunción de que la tonalidad histórica varía cada quince años, podemos ensayar el orientarnos en nuestro tiempo y llegar a diagnósticos aproximados, a reserva siempre de lo que en última instancia determina la construcción científica que sólo la historia puede lograr.

Con todas estas cautelas, salvedades y reservas, dando, pues, a lo enunciado tan sólo un valor de insegura sospecha, yo me atrevería a insinuar en virtud de muchas, muchas razones que no tengo tiempo ahora de decir, que en 1917 comenzó una generación, un tipo de vida, el cual habría, *en lo esencial*, finiquitado en 1932. No sería difícil dibujar la fisonomía de esa existencia que ha coincidido con el período llamado —y a mi juicio mal llamado— de la postguerra. No voy ni siquiera a rozar de verdad el asunto. Pero si alguien se interesa por un cierto modo vital —por ejemplo, una cierta manera de pensar en filosofía o en física, o un cierto modo de estilos artísticos o unos ciertos movimientos políticos— y quiere orientarse sobre su porvenir, debería, según mi insegura hipótesis, fijar bien la fecha de su origen y ponerla en relación con 1917. Por ejemplo, es curioso que en esa fecha precisamente broten las formas políticas llamadas «fascismo» y «bolchevismo». En esa fecha se inicia el cubismo pictórico y la poesía pariente de él, etcétera, etcétera. ¿Obligará esto a sospechar que todo ello es ya inexorablemente un pasado? Es lo que vamos a poder averiguar irrefragablemente en estos nuevos quince años en que estamos ya embarcados.

LECCIÓN V

DE NUEVO, LA IDEA DE GENERACIÓN

En la lección anterior he concluido de exponer el primero
de los temas que yo quería suscitar en torno a las generaciones decisivas en la evolución del pensamiento europeo, las
generaciones de 1550 a 1650 que tienen su punto céntrico
temporal y sustantivamente en la obra de Galileo. Era natural que ese primer tema fuese precisamente la idea misma
de generación que es, según hemos podido advertir, el ór-
gano visual con que se ve en su efectiva y vibrante autenticidad la realidad histórica. La generación es una y misma
cosa con la estructura de la vida humana en cada momento. No se puede intentar saber lo que de verdad pasó en tal
o cual fecha si no se averigua antes a qué generación le
pasó, esto es, dentro de qué figura de existencia humana

aconteció. Un mismo hecho acontecido a dos generaciones diferentes es una realidad vital y, por tanto, histórica, completamente distinta. Así, el hecho de una guerra tiene los significados más varios según la fecha en que se produzca, porque el hombre saca de él las consecuencias más opuestas. Por eso ha sido tan grave error echar mano de la guerra mundial para explicar los cambios profundos acaecidos en la humanidad. Un hecho aislado, así sea el de más enorme calibre, no explica ninguna realidad histórica; es preciso antes integrarlo en la figura total de un tipo de vida humana. Lo demás es muerto dato de cronicón y la historia consiste precisamente en el intento de dar reviviscencia, de volver a vivir imaginariamente lo ya sido. La historia tiene que dejar de ser una exposición de momias y convertirse en lo que verdaderamente es: un entusiasta ensayo de resurrección. La historia es una guerra ilustre contra la muerte. Por eso no puede decirse que de verdad se ha contado algo, se ha hecho historia de algo si no se ha enseñado a verlo nacer del hontanar perenne del que brota y donde únicamente tiene su realidad todo lo humano que es la vida del hombre. En este sentido, yo entiendo por historia la faena de retrotraer todo dato sobre el pasado a su fuente vital para asistir a su nacimiento, diríamos, para obligarlo a nacer y ser de nuevo: hay que ponerlo en *status nascens*, como recién nacido. Mal se justifica el esfuerzo que la labor historiográfica consume si no nos lleva la historia a transformar todo el pretérito del hombre en un inmenso y virtual presente, dilatando así gigantescamente el nuestro efectivo.

Y el hecho para entender el cual yo quisiera ofrecer a ustedes unas cuantas ideas, inmaturas sin duda, mediocremente enunciadas —pero en que tengo gran fe— es nada menos que la peripecia máxima acontecida al hombre europeo, aquel radical viraje que ejecuta hacia 1600 y en que surge una nueva forma de vida, un hombre nuevo —el hombre moderno. Pero la idea de la historia que en estas lecciones he dibujado y que acabo de reiterar, implica que no es posible entender de verdad algo del pasado sin que de rebote quede iluminado algo de nuestro presente y nuestro porvenir. De aquí, que si tengo gran fe en esas ideas, aun reconociendo su defectuosidad, no es tanto ni sólo porque nos aclaran unos siglos que fueron, sino porque a la vez nos hacen penetrar en la realidad secreta de nuestro tiempo y nos permiten palpar, tal vez con un poco de espanto, sus entrañas estremecidas.

Aquel gran viraje de 1600 fue el resultado de una grave crisis histórica que dura dos siglos, la más grave que han experimentado los pueblos actuales. Yo creo que el asunto es de enorme interés porque vivimos una época de crisis intensísima en que el hombre, quiera o no, tiene que ejecutar otro gran viraje. ¿Por qué? ¿No es obvio sospechar que la crisis actual procede de que la nueva «postura» adoptada en 1600 —la postura «moderna»— ha agotado todas sus posibilidades, ha llegado a sus postreros confines y, por lo mismo, ha descubierto su propia limitación, sus contradicciones, su insuficiencia? Una de las cosas que pueden ayudarnos más a lo que suele llamarse «salir de la crisis», a hallar una nueva orientación y decidir una nueva postura, es volver la vista a aquel momento en que el hombre se encontró en una peripecia parecida y a la vez opuesta. Parecida, porque también entonces tuvo que «salir de una crisis» y abandonar una posición agotada, caduca. Opuesta, porque ahora tenemos que salir precisamente de donde entonces se entró.

Entonces nació un hombre nuevo, una «variedad» de nuestra especie no sida hasta aquella fecha y que no volverá a ser: es el hombre «moderno» que comienza por ser el hombre cartesiano. Y es ya por sí curioso notar que este hombre cartesiano se dio perfecta cuenta de que era un hombre nuevo, un hombre que nacía, o lo que es igual, *el* hombre que re-nacía. En rigor, antes de que ese hombre nuevo existiese con plenitud se presiente a sí mismo y hasta se busca un nombre. A fines del siglo XIV y durante todo el XV comienza ya a hablarse de «modernidad». En la teología y filosofía de las Universidades se distingue la *via antiqua* y la *via moderna* y a los ejercicios religiosos tradicionales se opone lo que se llamó *devotio moderna*, que triunfa hacia 1500.

Este presentimiento de que las cosas van a cambiar radicalmente antes de que, en efecto, cambien, no debe sorprender mucho, porque siempre ha precedido las grandes mutaciones históricas y es, a la vez, una prueba de que tales transformaciones no son impuestas a la humanidad desde fuera, por el azar de externos acontecimientos, sino que emanan de íntimas modificaciones fermentadas en los senos recónditos de su alma. Hace veinticinco años gritaba yo a Gog y Magog que la faz de la historia iba a cambiar: lo presentía ni más ni menos que se presiente un cambio meteorológico. Y esta anticipación no era sólo genérica o vaga, sino que se precisaba en la expectación concreta de ciertas ideas y estimaciones. En 1911 di yo una conferencia en el Ateneo de Madrid sobre el pensamiento matemático. Era la hora de más indiscutido triunfo del *continuismo* y *evolucionismo*, infinitismo en matemática, física, biología e historia. No obstante, yo anunciaba entonces que surgiría pronto una tendencia al *discontinuismo* y finitismo en todas esas disciplinas. No menos preciso fue mi anuncio de las profundas —y entonces increíbles— mutaciones políticas que iban a venir. Pero no quiero recordar ahora lo que entonces dije. Ni entonces se me hizo caso, ni ahora tampoco se me haría. Me bastará recordar un título programático: «Nada moderno y muy siglo XX»[1]; fórmula, sin duda, petulante y amanerada —téngase en cuenta que era yo entonces demasiado joven—, pero fórmula que con creces ha resultado verdad. Sólo quiero recordar unas palabras dichas por mí en 1928 —en una conferencia dada en Buenos Aires—, palabras que tomo de un periódico en que fue transcrita. Adviértase que en 1928 parecía el mundo más seguro que nunca: era la hora de la máxima fe en el progreso indefinido, la época de la inflación y la *prosperity*. Ya había grandes cambios en la superficie de la vida, pero se creía que la mutación y la crisis se reduciría a lo ya manifiesto. Decía yo:

«Desde hace muchos, muchos años anunciaba yo esta transformación inminente y total. Fue en vano. Sólo recogía censuras: se atribuía mi anuncio a prurito de novedades. Han tenido que venir los hechos con sus bozales para acallar las bocas maldicientes. Ahí está, ante nosotros, una vida nueva... Pero no, aún no está ahí. El cambio va a ser mucho más radical que cuanto vemos, y va a penetrar en estratos de la vida humana tan profundos, que aleccionado con la pasada experiencia, no estoy dispuesto a decir todo lo que entreveo. Sería inútil, asustaría sin convencer, y asus-

1. Recogido en «El Espectador», tomo I, 1916. [En esta misma colección, véase página 35].

taría porque no sería entendido; mejor dicho, porque sería malentendido»*.

Hablo ahora de mí como podría hablar de otros. Mucho antes de que Einstein descubriese su primera forma de relativismo y con él la nueva mecánica, todo el mundo postulaba una física de cuatro dimensiones.

La etapa de puro presentimiento que antecede a la efectiva aparición del hombre nuevo en torno a 1600, fue la época que luego se ha llamado con un nombre desorientador, Renacimiento. A mi juicio urge ya una nueva definición y evaloración de este famoso Renacimiento. Nuestro conocimiento de la realidad histórica ha avanzado mucho desde tiempos de Burckhardt y no nos basta su primera aproximación.

La verdad es que el hombre no re-nace hasta Galileo y Descartes. Todo lo anterior es puro *pálpito* y esperanza de que va a renacer. El auténtico renacimiento galileano y cartesiano es ante todo un renacer a la claridad y es forzoso decir que el tiempo oficialmente llamado Renacimiento fue una hora de formidable confusionismo —como lo son todas las de *pálpito*, por ejemplo, la nuestra.

La confusión va aneja a toda época de crisis. Porque, en definitiva, eso que se llama «crisis» no es sino el tránsito que el hombre hace de vivir prendido a unas cosas y apoyado en ellas a vivir prendido y apoyado en otras. El tránsito consiste, pues, en dos rudas operaciones: una, desprenderse de aquella ubre que amamantaba nuestra vida —no se olvide que nuestra vida vive siempre *de* una interpretación

---

* [En *Meditación de nuestro tiempo. Introducción al presente*, *Obras completas*, tomo VIII, p. 60].

del Universo— y otra, disponer su mente para agarrarse a la nueva ubre, esto es, irse habituando a otra perspectiva vital, a ver otras cosas, a atenerse a ellas. Estas dos rudas faenas cumplen las generaciones europeas de 1350 a 1550. Son dos siglos en que parece vivir el hombre europeo «en pura pérdida». Claro es que no hay tal. No se llega, es cierto, a nada firme y positivo; pero durante ellos se van polarizando de nuevo modo los cimientos subterráneos de la mente occidental que van a hacer posible la nueva construcción. Cuando esa faena subterránea se ha cumplido —hacia 1560— en la generación de Galileo, Keplero y Bacon, la historia toma decidida una recta, avanza día por día sin pérdida, y hacia 1650, cuando muere Descartes, puede decirse que está ya hecha la nueva casa, el edificio de cultura según el nuevo *modo*. Esta conciencia de ser de un nuevo *modo* frente a otro vetusto y tradicional es la que se expresó con la palabra «moderno».

El llamado Renacimiento es, pues, por lo pronto, el esfuerzo por desprenderse de la cultura tradicional que, formada durante la Edad Media, había llegado a anquilosarse y ahogar la espontaneidad del hombre. No porque se haya repetido una y otra vez en la historia debe menguar nuestra extrañeza ante este hecho de que el hombre tenga periódicamente que sacudirse su propia cultura y quedarse desnudo de ella, como la zorra que se sumerge en el agua para concentrar todas sus pulgas en el hocico y con una rápida zambullida librarse de ellas.

La explicación de este sorprendente fenómeno —y lo más sorprendente de él es su reiteración, su repetición a lo largo del proceso histórico mejor conocido— es lo que nos va a ocupar como segundo tema de este curso. Porque ese fenómeno es lo que se llama una crisis histórica. Y lo mismo que creo haber conseguido en las lecciones anteriores que los conceptos de vida y de generación adquieran para ustedes un contenido bien nutrido y preciso, quisiera intentarlo con el concepto «crisis histórica». Galileo juega un papel muy determinado en esa crisis y para entenderlo necesitamos entender bien el argumento de la pieza donde él tiene ese papel. Esto requiere alguna preparación y a esta preparación, a fijar ciertas ideas que luego vamos a ver funcionando en toda crisis, dedicaremos la lección presente.

Y ante todo, no perdamos nuestra trayectoria. Volviendo la cabeza hacia atrás, recordemos los pasos que hemos dado y procuremos intercalar los nuevos que hemos menester. Nuestra cuestión es la historia. La historia, decíamos, se propone averiguar cómo han sido las vidas humanas. Lo humano es la vida del hombre, no su cuerpo, ni siquiera su alma. El cuerpo es una cosa: el alma es también una cosa, pero el hombre no es una cosa, sino un drama —su vida. El hombre tiene que vivir con el cuerpo y con el alma que le ha caído en suerte. Uno y otra —cuerpo y alma— son los aparatos más próximos a él con los que tiene que vivir, es decir, con que tiene que existir en la circunstancia. Para existir en la circunstancia en que ha caído tiene que esforzarse en sostenerse dentro de ella —tiene que estar haciendo siempre algo. Y lo primero que tiene que hacer es decidir lo que va a hacer. Mas para decidirlo tiene antes que forjarse una interpretación general de la circunstancia, formarse un sistema de convicciones sobre lo que su contorno es, que le sirva de plano para actuar entre y sobre las cosas. Ante las cosas tal y como están ahí, como él las encuentra en su circunstancia, el hombre no sabe qué hacer porque no sabe a qué atenerse con respecto a ellas, o, como suele decirse, no sabe lo que son. La vida es, por lo pronto, radical inseguridad, sentirse náufrago en un elemento misterioso, extranjero y frecuentemente hostil: se encuentra con esas cosas que llama enfermedades, hambre, dolor. Ya el darles un nombre es comenzar a interpretarlas: el nombre es ya una definición. Pero se encuentra también con el rayo y el fuego, la sequía y la lluvia torrencial, con el temblor de tierra, con el asta que otro hombre le hunde en el flanco; se encuentra sobre todo con que a las personas queridas, a los otros hombres les pasa de pronto una cosa muy extraña. Hace un momento estaban ahí con nosotros. Ese estar ahí con nosotros no era meramente hallarse en el espacio cerca de nosotros como la piedra, el arroyo, el árbol. No: era un estar con nosotros, un coexistir más radical. Yo cuento con la piedra y procuro no tropezar con ella o aprovecharla sentándome en ella. Pero la piedra no cuenta conmigo. También cuento con mi prójimo como con la piedra, pero, a diferencia de la piedra, mi prójimo cuenta también conmigo. No sólo él existe para mí, sino que yo existo para él. Ésta es una coexistencia peculiarísima, porque es mutua: cuando yo veo una piedra no veo sino la piedra, pero cuando veo a mi prójimo, a otro hombre, no sólo le veo a él, sino que veo que él me ve a mí, es decir, que en el otro hombre me encuentro siempre también yo reflejado en él. Yo estoy aquí y ustedes están ahí. Como el aquí y el ahí expresan la contigüidad espacial, como están juntos, podemos decir que ustedes estando ahí y yo aquí estamos juntos. Pero lo mismo podíamos decir de esta mesa y de esos bancos; también esta mesa está aquí y esos bancos ahí; también, pues, están juntos. Mas lo raro de nuestra relación, lo

que no pasa a la mesa con los bancos y a éstos con aquélla, es que estando yo aquí y sin dejar de estar aquí noto
que estoy también ahí, en ustedes; noto, en suma, que existo para ustedes, y viceversa, ustedes, quietos ahí, están al
mismo tiempo aquí, en mí, existen para mí. Esto, evidentemente, es un estar juntos en un sentido mucho más radical
y bien distinto del estar un banco junto a otro. En la medida en que yo sé que soy en ustedes, evidentemente se funde
mi ser, mi estar, mi existir con el de ustedes, y en esa estricta medida yo siento que no estoy solo, que no soy solo, sino
que estoy con ustedes, que soy con ustedes; en suma, que
estoy acompañado o en sociedad —mi vivir es convivir. La
realidad que llamamos compañía o sociedad, sólo puede
existir entre dos cosas que canjean mutuamente su ser, que
son recíprocamente uno el otro —quiero decir: yo te acompaño o estoy en sociedad contigo en la medida que tú sien-
tas que existes para mí, que estás en mí, que llenas una parte de mi ser; en suma, yo te acompaño, convivo o estoy en
sociedad contigo en la medida en que yo sea tú. Por el contrario, en la medida en que yo no soy tú, en que no existes
para mí ni para ningún otro prójimo, en esa medida estás solo,
estás en soledad y no en sociedad o compañía.

¡Tremebundo tema éste de la polaridad o contraposición
soledad-sociedad!

Sin necesidad de profundizar ahora en la formidable
cuestión, que otro día arañaremos un poco, caerán ustedes
en la cuenta de lo difícil, lo problemática, tal vez lo utópica
que es la efectiva compañía, la auténtica sociedad. Porque
recordarán ustedes que nuestra vida es la de cada cual, es
lo que cada cual tiene que hacer por sí: es el dolor que yo
tengo que aguantar por mi propia cuenta y que nadie, rigo-

rosamente hablando, puede compartir. Yo no puedo tras-
pasar a otro un pedazo de mi dolor de muelas, para que me
lo vaya doliendo él en sustitución mía, ni, mucho menos,
puede decidir por mí lo que voy a hacer y a ser, ni puedo
—fíjense bien, porque esto va a ser muy importante— ni
puedo encargar a otro de que piense en mi lugar los pensamientos que yo tengo que pensar; es decir, que mis convicciones tengo que tenerlas yo, que tengo yo que convencerme
y no puedo descargar sobre el prójimo la tarea de convencerse en mi lugar. Todo esto es lo que expreso diciendo una
perogrullada, tan grande como fecunda, a saber, que mi
vida es intransferible, que cada cual vive por sí solo —o lo
que es igual, que vida *es* soledad, radical soledad. Y, sin embargo, o por lo mismo, hay en la vida un afán indecible de
compañía, de sociedad, de convivencia. Por ejemplo, para
hablar de lo más claro, nos es connatural en el orden del
pensamiento el deseo de coincidir con las opiniones de los
demás. Cuando el hombre tiene un problema, su primer
movimiento es preguntar a los demás sobre él, para que
nos digan lo que sobre él piensa —ésta es la raíz vital de la
lectura y del hecho de que hayan ustedes venido a oírme.
Preguntamos con la intención de coincidir con los demás,
hasta el punto de que si tenemos que discrepar nos sentimos íntimamente obligados a justificar de modo especial
nuestra discrepancia.

Desde el fondo de radical soledad que es, sin remedio, nuestra vida, emergemos constantemente en ansia no menos radical de compañía y sociedad. Cada hombre quisiera
ser los otros y que los otros fueran él. Toda una serie de dimensiones de nuestra vida se compone de férvidos ensayos
para romper la soledad que somos y fundirnos en un ser

comunal con otros. Entre ellos, el más radical ensayo para evadirnos de nuestra soledad es el famoso amor. Se quiere a otro en la medida en que, además de ser uno lo que es, se quiere también ser el otro, solidarizarse con la existencia del otro, y se siente, en efecto, el ser del otro como inseparable, como uno con nuestro ser, y si nos quitan el otro parece que nos quitan la mitad de nuestro ser, precisamente la mitad que nos parece más importante. El amante que se queda sin la amada se siente en la paradójica situación de que preferiría que le hubiesen quitado su propio ser y le hubiesen dejado el ser de la amada. Por eso, Shelley decía a la suya: «¡Amada, tú eres mi mejor yo!»

Padres, hijos, amigos, camaradas, son grados diferentes de la relación de nuestra vida en que nos sentimos viviendo acompañados.

Pero he aquí —y vuelvo a reanudar nuestra trayectoria— que al prójimo que me acompañaba le pasa de pronto algo muy extraño. Su cuerpo se queda inmóvil y rígido —como mineralizado. Me dirijo a él y no me responde. Responderme es el acto típico y esencial en que percibo que existo yo para el prójimo. Ahora ya no me responde: he dejado de existir para él; por tanto, ya no estoy en compañía con él. Y descubro, con un escalofrío, que con respecto a él me he quedado solo. El hecho de esta impresión, en que sentimos haberse volatilizado una compañía y que mi vida, de ser un convivir con otro, por tanto, un vivir más ancho, se retrae como en bajamar a ser un vivir solo conmigo, un quedarme solo, es lo que llamamos la muerte. Pero este nombre, conste, es ya una teoría, una interpretación, una reacción ideativa nuestra al hecho no teórico, sino terriblemente indubitable de sentir una nueva soledad. La idea de la muerte que implica toda una biología, una psicología y una metafísica, nos explica, nos permite saber a qué atenernos con respecto a esta soledad que nos queda de una compañía en que estuvimos. Y, por una transposición muy frecuente en poesía, el poeta romántico dirá:

¡Qué solos se quedan los muertos!

¡Como si fuera el muerto quien se queda solo de los vivientes, cuando el que se queda solo del muerto es precisamente el que se queda, el que sigue viviendo! La muerte es, por lo pronto, la soledad que queda de una compañía que hubo; como si dijéramos: de un fuego, la ceniza.

Me he detenido hoy, como al paso, en este punto por muchas razones, que en los días próximos se irán declarando; pero antes, para que sirva a ustedes como ejemplo sobre la relación primaria del hombre con la circunstancia desnuda, compuesta de puros y desazonadores enigmas que le obligan a reaccionar buscándoles una interpretación; en suma, le obligan a pensar, a hacerse ideas, los instrumentos por excelencia con que vive. El conjunto de esas ideas forma nuestro horizonte vital o mundo. Pero de ordinario vivimos instalados, demasiado seguramente instalados en la seguridad de nuestras ideas habituales, recibidas, tópicas y solemos tomarlas por la realidad misma: lo cual hace que no entendamos ni siquiera nuestras propias ideas, que las pensemos en hueco, en vacío, sin evidencia. Porque nuestra idea es reacción a un problema: si no vivimos éste, nuestra idea sobre él, nuestra interpretación carece de sentido, no es una idea vivida, llena, vivaz. Y esta observación me importaba mucho hacerla porque es la clave para entender las crisis históricas.

En ese horizonte vital o mundo y en vista de él hacemos lo que hacemos y dejamos de hacer lo que evitamos hacer; en suma, vivimos. Ese horizonte vital o mundo experimenta un cierto cambio en cada generación. Yo he sostenido ante ustedes que ese cierto cambio es normal e inevitable: él hace que la historia sea movimiento y variación, proceso y mudanza.

No puedo pretender que ustedes recuerden ahora exactamente las palabras con que yo precisé el género de cambio mundanal que en cada generación se produce. Aunque fueron pocas, eran tal vez las suficientes en aquel momento. Pero ahora necesito aclarar un poco más el asunto porque va a sernos decisivo.

El cambio de mundo que cada generación, quiera o no, ejecuta normalmente es un cambio en la tonalidad general del mundo. Que en éste o el otro orden de problemas su innovación sea más o menos profunda, es secundario; más aún: en cierto modo es indiferente para el cambio de mundo. Supongamos —decía yo a ustedes— que cambian muchas cosas concretas y aun importantes: diremos que ha habido cambios en el *mundo*. Pero ésta es una situación muy distinta que cuando decimos: el mundo ha cambiado. Si comparamos nuestro horizonte de hoy no más que con el de hace diez años —y me refiero al humano, no especialmente al español— habremos de reconocer que las cosas concretas en ningún orden han cambiado mucho, en la mayor parte de los órdenes el cambio es inapreciable —pues bien, sin embargo, el cambio del mundo ha sido fantástico.

Pongamos un ejemplo inverso, clarísimo por la enormidad de su tamaño y que es central para el tema de nuestro curso —un ejemplo de un cambio importantísimo y radical en un problema concreto y que, sin embargo, él por sí no representa el menor cambio del mundo—, lo cual pone de manifiesto la diferencia que expresa esa distinción mía entre cambiar el mundo o sólo cambiar algo en el mundo.

Si ha habido alguna innovación profunda en la historia del pensamiento europeo lo es ciertamente la de Copérnico. No sólo es volver del revés la interpretación tradicional, sino que el objeto sobre que esa inversión actúa es nada menos que el mundo físico entero. El ejemplo, pues, es insuperable. Pues bien, la obra de Copérnico, *De revolutionibus orbium caelestium*, se publica en 1543. ¿Qué efectos produce? ¿Transforma la visión del Universo? En modo alguno. Su invento es astronómico, y la astronomía, aun siendo la ciencia más importante para la interpretación del Cosmos, no es, al fin y al cabo, esta interpretación, sino sólo una ciencia. Pues bien: el libro de Copérnico no es que pase desapercibido: todos los astrónomos de Europa lo usan por la relativa precisión de sus datos métricos. Sin embargo, sólo uno, Reticus, acepta la teoría copernicana. Y hay que saltar hasta 1573 para encontrar otro hombre que la reconozca: el inglés Thomas Digges. En 1577 otro alemán, Maestlin, se declara a su favor. Es el maestro de Keplero. En 1585, Benedetti habla también en su favor, pero con muchas reservas, titubeos y cautelas. Es menester llegar al gigante Giordano Bruno, el frailote heroico y enorme, especie de Hércules espiritual, perenne luchador con monstruos, para hallar alguien en quien la teoría copernicana se ha convertido de invento particular en cambio del mundo. Ahora bien: por mi cuenta Giordano Bruno está de Copérnico a una distancia de cinco generaciones.

¿Y hasta esa fecha en que se publica *La cena delle ceneri*, de Bruno —1584—, durante esas cinco generaciones, en Italia, que es el país más adelantado, que es el famoso Renacimiento, qué efectos produce Copérnico? Literalmente, ninguno. Acaba de publicarse la obra de uno de los más exactos conocedores de aquella época, el alemán Ernesto Walser y en ella leo[1]: «No recuerdo haber tropezado en todo el Renacimiento italiano con una sola alusión a Copérnico».

En las Cartas que prologan su *Teatro crítico* –por tanto, hacia 1750– el bravo Padre Feijoo dirá: «En España estuvo por demás la declaración del Tribunal Romano contra los copernicanos: ya porque en aquel tiempo *nec si Copernicus est audivimus*: ya porque en materia de doctrina (aun la Filosófica y Astronómica) es tan inmóvil nuestra nación, como el orbe terráqueo en el Systema vulgar».

El Padre Feijoo juzga por lo que era la España de su tiempo; pero se equivoca creyendo que la España de otras generaciones fue así. No: no era inútil la condenación del Santo Oficio para España; no es cierto que no se hubiese ni oído hablar de Copérnico. Si Feijoo hubiese leído el decreto de condenación del copernicanismo de 1616, se habría encontrado con la sorpresa de que iba ella contra dos libros y un folleto. Los dos libros son éstos: el *De revolutionibus orbium caelestium* del propio Copérnico, publicado en 1543, y un *Comentario a Job*, de Didacus Astunica, publicado en 1584, antes que la obra de Bruno. Pues bien, Didacus Astunica no es sino Fray Diego de Zúñiga, un agustino español, que es, por lo visto, el primer hombre que con toda solemnidad y decisión se adscribe al copernicanismo y hace valiente-

---

1. *Gesammelte Studien zur Geistesgeschichte der Renaissance*, I, 214, 1932. Carta, IV, 335.

mente gemir las prensas de Toledo bajo la nueva y maravillosa idea. Sea ello recordado en honor de este frailecito celtíbero y valga la rectificación a Feijoo como advertencia para quien no distingue de tiempos, es decir, de generaciones, y no sospecha la diferencia increíble que hay entre un pueblo que ha perdido la forma y ese mismo pueblo cuando vive una generación en plena forma.

Este ejemplo demuestra en proporciones casi escandalosas la esencial diferencia que hay entre un cambio de horizonte vital y toda innovación de carácter particular por importante que sea. ¿Por qué el descubrimiento de Copérnico no puede directamente y por sí modificar el mundo de su tiempo? ¿Por qué, en cambio, cinco generaciones después es la gran idea en que se apoya una mutación radical del horizonte humano? Muy sencillo: en la Edad Media las ciencias particulares, por tanto, las ciencias como tales, representan un modo de conocimiento secundario; son, diríamos, una actividad espiritual de segunda clase. No basta que algo aparezca como verdad dentro de la óptica especial de una ciencia para que sea, sin más, verdad, definitiva, ejecutiva verdad. Sólo la teología y la filosofía son, en última instancia, fehacientes. Traduciendo este hecho tan notorio a nuestra terminología, diremos que en la Edad Media y hasta 1550 las ciencias no hacen mundo; como exagerando agregaremos que no hace mundo hoy la técnica del ajedrez. Por consiguiente, para que un invento de ciencia particular como la idea copernicana produjese efectivo cambio de mundo era menester que antes los hombres se hubiesen decidido a aceptar que, en general, la verdad científica es una verdad de primer orden, fehaciente. Sólo dentro de ese cambio general de valoración de las ciencias podía la teoría de Copérnico irradiar todas las formidables consecuencias vitales de que estaba encinta. Ahora bien: las cuatro generaciones entre la de Copérnico y la de Galileo, son precisamente otros tantos estadios en la reivindicación de las ciencias como tales. Ése fue su papel, ésa su faena y rendimiento. Basta con citar algún nombre de cada una para que los vean ustedes como escalones de una continua ascensión: 1506, Copérnico; 1521, Luis Vives; 1536, Miguel Servet; 1551, Ramus; 1566, Montaigne, Vieta; 1581, Bruno, Tycho Brahe y Neper, el descubridor de los logaritmos. Después de estos tres ya eran posibles Galileo y Keplero, es decir, la ciencia auténtica, positiva, y la fe en ella.

Demuestra esto que la perspectiva de la vida es distinta de la perspectiva de la ciencia. En la Edad Moderna se han confundido ambas; precisamente esta confusión *es* la Edad Moderna. En ella el hombre hace que la ciencia, la razón pura, sirva de base al sistema de sus convicciones. Se vive *de* la ciencia. Por eso Taine hacía notar que como en otro tiempo el hombre recibía sus dogmas de los Concilios, luego optó por recibirlos de la Academia de Ciencias. A primera vista nada nos parece más lógico y discreto. ¿Quién mejor puede orientarnos en nuestra vida que la ciencia? ¿Vamos a volver a la teología?

Que este razonamiento nos parezca tan eficiente revela sólo que aún tenemos un pie en la modernidad. Este curso se propone precisamente aclarar cómo fue que el hombre cobró esa fe última en la ciencia, en la razón pura. Pero es posible que al aclararnos esto descubramos que esa confusión de la perspectiva científica con la vital tiene sus inconvenientes, es una perspectiva falsa como lo fue hacer de la perspectiva religiosa, teológica la perspectiva vital. Veremos, en efecto, cómo la vida no tolera que se la suplante ni con la fe revelada ni con la razón pura. Por eso se produjo la crisis del Renacimiento; por eso se ha abierto ante nosotros, tenebrosa, enigmática, una nueva crisis. Frente a la revelación se alzó la razón pura, la ciencia; frente a la razón pura se incorpora hoy, reclamando el imperio, la vida misma —es decir, la razón vital, porque como hemos visto, vivir es no tener más remedio que razonar ante la inexorable circunstancia. Se puede vivir sin razonar geométricamente, físicamente, económicamente, políticamente. Todo eso es razón pura y la humanidad ha vivido de hecho milenios y milenios sin ella —o con sólo rudimentos de ella. Esta efectiva posibilidad de vivir sin razón pura hace que muchos hombres de hoy quieran sacudirse la obligación de razonar, que renuncien con agresivo desdén a tener razón. Y esto es cosa fácil frente a la beatería de la razón pura, del culturalismo. Ya veremos cómo toda crisis comienza así. También el siglo XV empezó por la cínica renuncia a tener razón. Es curioso que toda crisis se inicia con una etapa de cinismo. Y la primera de Occidente, la de la historia greco-romana, se inició precisamente inventándolo y propagándolo. El fenómeno es de una monotonía, de una repetición desesperantes. Pero cuando más contentos se hallen de esa aparente —y tan fácil— liberación, más sin remedio se sentirán prisioneros de la otra razón, de la irremediable; de la que, quiérase o no, es imposible prescindir —porque es una y misma cosa con vivir— la razón vital.

LECCIÓN VI

CAMBIO Y CRISIS

Mi idea es que el llamado Renacimiento representa una gran crisis histórica. Crisis histórica es un concepto, mejor, una categoría de la historia; por tanto, una forma fundamental que puede adoptar la estructura de la vida humana. Pero los conceptos que definen esta estructura de la vida humana son muchos por ser muchas las dimensiones de aquélla. Conviene, pues, precisar a cuál de esas dimensiones se refiere concretamente el concepto de crisis. Se refiere a lo que la vida histórica tiene de cambio. La crisis es un peculiar cambio histórico. ¿Cuál?

Repasando lo dicho en lecciones anteriores, nos encontramos con dos formas de cambio vital histórico:

1.ª Cuando cambia algo en nuestro mundo.

2.ª Cuando cambia el mundo.

Esto último, hemos visto, acontece normalmente con cada generación. Ahora nos preguntamos qué tiene de especial el cambio de mundo que llamamos crisis histórica.

Y yo anticipo, desde luego, mi respuesta para que sepan ustedes a qué atenerse y oteen bien la trayectoria de mi pensamiento. Una crisis histórica es un cambio de mundo que se diferencia del cambio normal en lo siguiente: Lo normal es que a la figura de mundo vigente para una generación suceda otra figura de mundo un poco distinta. Al sistema de convicciones de ayer sucede otro hoy —con continuidad, sin salto; lo cual supone que la armazón principal del mundo permanece vigente al través de ese cambio o sólo ligeramente modificada.

Eso es lo normal. Pues bien, hay crisis histórica cuando el cambio de mundo que se produce consiste en que al mundo o sistema de convicciones de la generación anterior sucede un estado vital en que el hombre se queda sin aquellas convicciones, por tanto, sin mundo. El hombre vuelve a no saber qué hacer porque vuelve a de verdad no saber qué pensar sobre el mundo. Por eso el cambio se superlativiza en crisis y tiene el carácter de catástrofe. El cambio del mundo ha consistido en que el mundo en que se vivía se ha venido abajo y, por lo pronto, en nada más. Es un cambio que comienza por ser negativo —crítico. No se sabe qué pensar de nuevo —sólo se sabe o se cree saber que las ideas y normas tradicionales son falsas, inadmisibles. Se siente profundo desprecio por todo o casi todo lo que se creía ayer; pero la verdad es que no se tienen aún nuevas creencias positivas con que sustituir las tradicionales. Como aquel sistema de convicciones o mundo era el plano que permitía al hombre andar con cierta seguridad entre las cosas y ahora carece de plano, el hombre se vuelve a sentir perdido, azorado, sin orientación. Se mueve de acá para allá sin orden ni concierto; ensaya por un lado y por otro, pero sin pleno convencimiento, se finge a sí mismo estar convencido de esto o de lo otro. Me importa que subrayen ustedes esto último. En las épocas de crisis son muy frecuentes las posiciones falsas, fingidas. Generaciones enteras se falsifican a sí mismas, quiero decir, se embalan en estilos artísticos, en doctrinas, en movimientos políticos que son insinceros y que llenan el hueco de auténticas convicciones. Cuando se acercan a los cuarenta años esas generaciones quedan anuladas, porque a esa edad no se puede ya vivir de ficciones: hay que estar en la verdad.

He dicho en una de las primeras lecciones que no existe eso que suele llamarse «un hombre sin convicciones». Vivir es siempre, quiérase o no, estar en alguna convicción, creer algo acerca del mundo y de sí mismo. Ahora que esas convicciones, esas creencias pueden ser negativas. Uno de los hombres más convencidos que han pisado la tierra es Sócrates, y Sócrates sólo estaba convencido de que no sabía nada. Pues bien, la vida como crisis, es estar el hombre en convicciones negativas. Esta situación es terrible. La convicción negativa, el no sentirse en lo cierto sobre nada importante, impide al hombre decidir lo que va a hacer con precisión, energía, confianza y entusiasmo sincero: no puede encajar su vida en nada, hincarla en un claro destino. Todo lo que haga, sienta, piense y diga será decidido y ejecutado sin convicción positiva, es decir, sin efectividad; será un espectro de hacer, sentir, pensar y decir, será la *vita minima*, una vida vacía de sí misma, inconsistente, inestable. Como en el fondo no está convencido de nada positivo, por tanto, no está verdaderamente decidido a nada, con suma facilidad pasará el hombre y pasarán las masas de hombres de lo blanco a lo negro. En las épocas de crisis no se sabe bien lo que es cada hombre porque, en efecto, no es nada decisivamente; es hoy una cosa y mañana otra. Imagínense un individuo que en el campo pierde por completo la orientación: dará unos pasos en una dirección, luego otros en otra, tal vez en la opuesta. La orientación, los puntos cardinales que dirigen nuestros actos son el mundo, nuestras convicciones sobre el mundo. Y este hombre de la crisis se ha quedado sin mundo, entregado de nuevo al caos de la pura circunstancia —en lamentable desorientación. Estructura tal de la vida abre amplio margen para muy diversas tonalidades sentimentales como cariz de la vida; muy diversas, pero todas pertenecientes a una misma fauna negativa: el hombre sentirá escéptica frialdad o bien angustia al sentirse perdido o bien desesperación y hará muchas cosas de aspecto heroico que, en verdad, no proceden de efectivo heroísmo, sino que son hechas a la desesperada, o bien sentirá furia, frenesí, apetito de venganza por el vacío de su vida que le incita a gozar brutalmente, cínicamente de lo que encuentra a su paso —carne, lujo, poderío. La vida toma un sabor amargo —pronto toparemos con la acedía de Petrarca, el primer renacentista.

Pero la existencia humana tiene horror al vacío. En torno a ese estado efectivo de negación, de ausencia de convicciones, fermentan gérmenes oscuros de nuevas tendencias positivas. Es más: para que el hombre deje de creer en unas cosas, es preciso que germine ya en él la fe confusa en otras. Esta nueva fe, repito, aun imprecisa como luz de madrugada, irrumpe de cuando en cuando en la superficie negativa que es la vida del hombre en crisis y le proporciona súbitas alegrías y entusiasmos inestables que, por contraste con su tono habitual, toman el aspecto de ataques orgiásticos. Estos nuevos entusiasmos comienzan pronto a estabilizarse en alguna dimensión de la vida mientras las demás continúan en la sombra de la amargura y la resignación. Es curioso observar que, casi siempre, la dimensión de la vida en que comienza a estabilizarse la nueva fe es precisamente el arte. Así aconteció en el Renacimiento. ¿Por qué? Dejemos la explicación para otro día.

Ahora, en cambio, nos urge atacar en su raíz el problema mismo de por qué se producen las crisis históricas. Ese dejar de creer en el sistema del mundo en que se creía hasta la fecha, ese hecho —decía a ustedes el otro día— que una y otra vez ha acontecido en la historia de que el hombre se sacuda la cultura tradicional y se quede desnudo de ella, es precisamente lo que reclama explicación. Todo lo demás es secundario si se compara con esta agudísima cuestión.

Mas para entenderla tenemos antes que sumergirnos de nuevo en aquel tema rozado en la lección anterior —el tema soledad-sociedad— y analizarlo en otra forma.

Decía yo que la vida es soledad, radical soledad. Con esto no pretendía expresar una apreciación más o menos vaga sobre la vida. Se trata de algo sencillísimo, preciso e incuestionable, de una perogrullada, mas de consecuencias fertilísimas. La vida es la de cada cual: cada cual tiene que irse viviendo la suya por sí solo. Nuestro dolor de muelas nos duele a nosotros y sólo a nosotros. El problema que tengo, la angustia que siento son los míos, y por lo pronto sólo los míos. Y yo tengo que pensar un pensamiento que me resuelva el problema y cure o dé lenidad a mi angustia. Yo tengo que decidir en todo instante lo que voy a hacer en el siguiente y nadie puede tomar esta decisión por mí, sustituirme en ella. Mas para decidir mi existencia, mi hacer y no hacer, yo tengo que poseer un repertorio de convicciones sobre el mundo, de opiniones. Yo soy quien tiene que tenerlas, quien tiene que estar efectivamente convencido de ellas. En resumen, esto es la vida —y como ustedes advierten, todo eso me pasa a mí solo y tengo que hacerlo en definitiva yo solo. En última instancia y verdad, cada cual va llevando a pulso y en vilo su propia existencia.

Sobre las cuestiones más importantes de la realidad tengo que tener una opinión, un pensamiento acerca de ellas: de esa opinión, de ese pensamiento, dependerán las resoluciones que tome, mi conducta, en suma, mi vida, mi ser. Es preciso, pues, que esas opiniones sean verdaderamente mías; quiero decir, que yo las adopte porque estoy convencido plenamente de ellas y esto sólo es posible si las he pensado desde su raíz y han surgido en mí promovidas por una incontrastable evidencia. Ahora bien, esta evidencia no puede dármela hecha nadie, sino que se produce en mí únicamente cuando yo por mí mismo analizo la cuestión de que se trate, cuando me quedo solo con ella y me formo ante ella una convicción. Tener yo una opinión sobre una cosa no es sino saber a qué atenerme sobre ella, esto es, fijar *mi* posición con respecto a la cosa. Se me ocurren varias ideas posibles sobre una cuestión, pero yo tengo que ponerme de acuerdo conmigo para ver cuál de ellas es la que me convence, la que es mi efectiva opinión. Una opinión forjada así por mí mismo y que fundo en mi propia evidencia es verdaderamente mía, ella contiene lo que efectiva y auténticamente pienso sobre aquel asunto; por tanto, al pensar así, coincido conmigo mismo, soy yo mismo. Y la serie de actos, de conducta, de vida, que esa auténtica opinión engendre y motive, será auténtica vida mía, será mi auténtico ser. Pensando ese pensamiento, viviendo esa vida el hombre está en sí mismo, está ensimismado. Ni hay otro modo de ser el que efectivamente se es que ensimismándose, esto es, antes de actuar, antes de opinar sobre algo, detenerse un instante y en vez de hacer cualquiera cosa o de pensar lo primero que viene a las mientes, ponerse rigorosamente de acuerdo consigo mismo, esto es, entrar en sí mismo, quedarse solo y decidir qué acción o qué opinión entre las muchas posibles es de verdad la nuestra. Ensimismarse es lo contrario del vivir atropellado —en que son las cosas del contorno quienes deciden de nuestro hacer, nos empujan mecánicamente a esto o a lo otro, nos llevan al estricote. El hombre que es sí mismo, que está ensimismado, es el que, como suele decirse, está siempre sobre sí —por tanto, que no se suelta de la mano, que no se deja escapar y no tolera que su ser se le enajene, se convierta en otro que no es él.

Lo contrario de ser sí mismo, de la autenticidad, del estar siempre dentro de sí, es el estar fuera de sí, lejos de sí, en lo otro que nuestro auténtico ser. La voz castellana «otro» viene de la latina *alter*. Pues bien, lo contrario de ser sí mismo o ensimismarse es alterarse, atropellarse. Y lo otro que yo es cuanto me rodea: el mundo físico —pero también el mundo de los otros hombres—, el mundo social. Si permito que las cosas en torno o las opiniones de los demás me arrastren, dejo de ser yo mismo y padezco alteración. El hombre alterado y fuera de sí ha perdido su autenticidad y vive una vida falsa.

Ahora bien, con enorme frecuencia nuestra vida no es sino eso: falsificación de sí misma, suplantación de sí misma. Una gran porción de los pensamientos con que vivimos no los pensamos con evidencia. Con vergüenza reconocemos que la mayor parte de las cosas que decimos no las entendemos bien y si nos preguntamos *por qué* las decimos, esto es, las pensamos, advertiremos que las decimos no más que por esto: porque las hemos oído decir, porque las dicen los otros. Jamás hemos procurado repensarlas por nuestra cuenta y buscar su evidencia. Todo lo contrario: no las pensamos porque nos son evidentes, sino precisamente porque las dicen los otros. Nos hemos abandonado a los otros y vivimos en alteración, en perpetua estafa de nosotros mismos. Tenemos miedo a nuestra vida que es soledad y huimos de ella, de su auténtica realidad, del esfuerzo que reclama y escamoteamos nuestro auténtico ser por el de los otros, por la sociedad. Pero esta sociedad no es la compañía efectiva de que en otra jornada hablé: aquélla, por ejemplo, la compañía o sociedad que intenta ser el amor, era el ensayo de unir mi soledad, la autenticidad de mi vida, a la soledad de otro: era fundir dos soledades como tales en una como soledad de dos. Mas esta sociedad a que me entrego implica que previamente he renunciado a mi soledad, que me he embotado y cegado para ella, que huyo de ella y de mí mismo para hacerme «los otros».

Mis opiniones consisten en repetir lo que oigo decir a otros. Pero ¿quién es ése o esos otros a quienes encargo de ser yo? ¡Ah!, nadie determinado; ¿quién es el que dice lo que se dice? ¿Quién es el sujeto responsable de ese decir social, el sujeto impersonal del se dice? ¡Ah!, pues... la gente. Y la gente no es éste ni aquél —la gente es siempre el otro que no es precisamente éste ni aquél— es el puro otro, el que no es nadie. La gente es un yo irresponsable, el yo de la sociedad —o social. Y al vivir yo de lo que se dice y llenar con ello mi vida, he sustituido el yo mismo que soy en mi soledad por el yo-gente —me he hecho «gente». En vez de ser mi auténtica vida me la desvivo alterándola.

He aquí cómo hoy nos aparecen bajo nuevo cariz esos dos modos de la vida que son la soledad y la sociedad, el yo real, auténtico, responsable y el yo irresponsable, social, el vulgo, la gente. Y de hecho nuestra vida va y viene entre ambos modos y es en cada instante una ecuación entre lo que somos por nuestra propia cuenta —lo que pensamos, sentimos, hacemos con plena autenticidad— y lo que somos por cuenta de la gente, de la sociedad. Cuando se dice aquí que la vida del hombre cuando es «gente» es una vida falsa —y, por tanto, el hombre se despotencia, se deshumaniza y es menos hombre— no se pretende dar a esa vida una calificación externa y de tipo valorativo. No se quiere decir que la vida *debe* ser auténtica, que sólo ensimismado es el hombre como es debido. Aquí no hacemos consideraciones de beatería moral. Es muy fácil reírse de la moral, de la vieja moral que se ofrece indefensa a la insolencia contemporánea. Con esa moral no tenemos nada que ver aquí. Lo que decimos es simplemente que la vida tiene realidad —no bondad ni meritoriedad, sino pura y simple realidad— en la medida en que es auténtica, en que cada hombre siente, piensa y hace lo que él y sólo él, individualísimamente tiene que sentir, pensar y hacer. ¿Quieren ustedes decirme qué realidad tiene un pensamiento que yo pienso sin pensarlo yo efectivamente? Cuando mecánicamente digo que «dos y dos son cuatro», cuando lo pienso y repito sin la visión clara, sin la evidencia de que, en efecto, dos y dos son cuatro, no he *vivido* ese pensamiento y durante el tiempo que he empleado en pseudo-pensarlo y pseudo-decirlo, he anulado mi real vivir, he pseudo-vivido. Y lo mismo digo del que esté aquí ahora oyendo sin autenticidad —es decir, que ha venido aquí no auténticamente a oír, sino porque venía la gente—, ése ha aniquilado una hora de su vida, y su vida —conste— tiene horas contadas y cada hora que pierde en no ser sí mismo la desvive de su vida, la desrealiza.

Lo que sea ensimismamiento y alteración se ve claro cuando se compara al hombre con el animal. Y, en efecto, confesaré a ustedes que fue, hace muchos años, un buen día delante de la jaula de los monos en el Retiro cuando tuve la evidencia de esta importante verdad[1].

No hay duda que en todo ser animado, el más importante de sus mecanismos es la atención. Estamos allí donde atendemos. Por eso he repetido tantas veces: dime a lo que atiendes y te diré quién eres. Pues bien, delante de estos simios del Retiro consideraba yo cómo ni un solo instante dejan de atender a su contorno físico, al paisaje. Están alertas hacia él, como obsesos por cualquiera variación que en su alrededor cósmico acontezca. Yo pensaba en la enorme fatiga que para un hombre sería estar tan sin descanso atento a su alrededor, tomado por él, absorbido por él. La situación del hombre le permite desatender más o menos lo que pasa fuera, en el paisaje, en las cosas y, a ratos cuando menos, invertir la puntería de su atención dirigiéndola hacia sí. Esta capacidad, que parece tan sencilla, es la que hace

1. Véase el ensayo *Ensimismamiento y alteración* [en esta misma colección].

posible al hombre como tal. Merced a ella puede volverse de espaldas al fuera, que es el paisaje, salir de él y meterse dentro. El animal está siempre fuera: el animal es perpetuamente lo otro —es paisaje. No tiene un *chez-soi*, un dentro —y por eso no tiene un sí mismo. Cuando materialmente le es dado desatender al contorno, cuando puede dejar de ser lo otro y salir del fuera cósmico, no tiene donde entrar, no tiene casa propia, recinto, interior separado y distinto del mundo; por eso, cuando el contorno le deja en paz y sin alteración, el animal no es nada, deja de ser y se duerme, esto es, borra su propio ser en cuanto animado. Cuando existe, existe en permanente alteración y perpetuo sobresalto y atropello. Las focas duermen seguido sólo un minuto o minuto y medio, al cabo de él abren los ojos, otean el paisaje para ver si pasa algo nuevo y vuelven a sumergirse en el no ser del sueño.

Al hombre, en cambio, le es dado no estar siempre fuera de sí, en el mundo; le es dado «retirarse del mundo» y ensimismarse. El hombre hace el Retiro, el no-fuera, el no-mundo: pone en él a los monos y para los monos se convierte inexorablemente en selva, en paisaje y motivo de alteración. El hombre es el animal retirado, ensimismado.

Según esto y aun sin plantear cuestiones más sustantivas, al simple hilo de las variaciones de la atención, podemos marcar en la historia humana misma la curva de ascensos y descensos que sufre la humanización del hombre. Un exceso de sobresalto, una época de muchas alteraciones sumerge al hombre en la naturaleza, lo animaliza, esto es, lo barbariza. Esto pasó gravemente en la crisis mayor de la historia bien conocida, al fin del mundo antiguo. A la cultura romana, sobre todo a aquella etapa acaso la más alta que ha vivido hasta ahora la humanidad, aquel siglo de los Antoninos en que un emperador con barba al uso estoico, Marco Aurelio, el hombre mejor de su tiempo, escribía un libro titulado *Para sí mismo* —como símbolo de que la humanidad pasaba por una cima de ensimismamiento—, sucede pronto la barbarie. Hoy sabemos que aquella crisis feroz no consistió en una irrupción de los bárbaros sobre la cultura, sino al revés, en que los cultos se tornaron bárbaros. Fueron menester otros nueve siglos —del III al XII— para que el hombre lograse reorganizar su contorno de modo que le fuese otra vez posible desatenderlo y ensimismarse de nuevo. No es, pues, fácil dudar de que en la historia se ha dado repetidamente el fenómeno de rebarbarización. Porque en la crisis renacentista, mucho menos profunda y grave que aquélla, el síntoma no falta. Eso que las generaciones inmediatamente anteriores a la mía —Burckhardt, Nietzsche, etcétera— llamaban con entusiasmo «hombre del Renacimiento», es, por lo pronto, un hombre rebarbarizado. La guerra de los Treinta Años, que dejó por espacio de un siglo aniquilado el centro de Europa, fue el cauce donde vino a desembocar el rebrote de barbarie que se produce a comienzos del siglo XVI. Léase sobre lo que aquella guerra fue en su detalle y se verá que nada parecido se halla en la Edad Media. César Borgia fue el prototipo del nuevo bárbaro que florece súbitamente en medio de una vieja cultura. Es el hombre de acción. En la historia, tan pronto como comienza a aparecer el hombre de acción y hablarse de él y a bailársele el agua, es que sobreviene un período de rebarbarización. Como el albatros la víspera de la tormenta, el hombre de acción surge en el horizonte en el albor de toda crisis.

Con lo dicho en la lección anterior y lo en ésta acumulado, tenemos los ingredientes necesarios para enunciar brevemente un esquema de las crisis que nos sea comprensible. Helo aquí: la cultura no es sino la interpretación que el hombre da a su vida, la serie de soluciones, más o menos satisfactorias, que inventa para obviar a sus problemas y necesidades vitales. Entiéndase bajo estos vocablos lo mismo los de orden material que los llamados espirituales. Creadas aquellas soluciones para necesidades auténticas, son ellas también auténticamente soluciones, son ideas, valoraciones, entusiasmos, estilos de pensamiento, de arte, de derecho que emanan sinceramente del fondo radical del hombre, según éste era de verdad en aquel momento inicial de una cultura. Pero la creación de un repertorio de principios y normas culturales trae consigo un inconveniente constitutivo y, en rigor, irremediable. Precisamente porque se ha creado una efectiva solución, precisamente porque ya «está ahí», las generaciones siguientes *no* tienen que crearla, sino recibirla y desarrollarla. Ahora bien, la recepción que ahorra el esfuerzo de la creación tiene la desventaja de invitar a la inercia vital. El que recibe una idea tiende a ahorrarse la fatiga de repensarla y recrearla en *sí mismo*. Esta recreación no consiste en más que en repetir la faena del que la creó, esto es, en adoptarla sólo en vista de la incontrastable evidencia con que se le imponía. El que crea una idea no tiene la impresión de que es un pensamiento suyo, sino que le parece ver la realidad misma en contacto inmediato con él mismo. Están, pues, el hombre y la realidad desnudos ambos, el uno frente al otro, sin intermediario ni pantalla. En cambio, el hombre que no crea, sino recibe una idea, se encuentra entre las cosas y su propia persona

con la idea ya creada que le facilita su relación con aquéllas como una receta. Tenderá, pues, a *no hacerse cuestión de las
cosas*, a no sentir auténticas necesidades, ya que se encuentra con un repertorio de soluciones antes de haber sentido
las necesidades que provocaron aquéllas. De aquí que el
hombre ya heredero de un sistema cultural, se va habituando progresivamente, generación tras generación, a no tomar contacto con los problemas radicales, a no sentir las
necesidades que integran su vida y de otra parte a usar modos
mentales —ideas, valoraciones, entusiasmos— de que no
tiene evidencia, porque no han nacido en el fondo de su
propia autenticidad. Trabaja, pues, y vive sobre un estrato
de cultura que le ha venido de fuera, sobre un sistema de
opiniones ajenas, de otros yos, de lo que está en la atmósfera, en la «época», en el «espíritu de los tiempos», en suma,
de un yo colectivo, convencional, irresponsable, que no
sabe por qué piensa lo que piensa ni quiere lo que quiere.
Toda cultura al triunfar y lograrse se convierte en tópico y
en frase. Tópico es la idea que se usa, no *porque* es evidente, sino porque la *gente* la dice. Frase es lo que no se piensa
cada vez, sino que simplemente se dice, se repite. Mientras
tanto, se van acabando las consecuencias de esos que ya
son tópicos, se van desarrollando sus posibilidades interiores, en suma, la cultura que en su momento originario y auténtico era simple, se va complicando. Esta complicación
de la cultura recibida hace engrosar la pantalla entre el *sí
mismo* de cada hombre y las cosas mismas que le rodean.
Su vida va siendo cada vez menos *suya* y siendo cada vez
más colectiva. Su yo individual, efectivo y siempre primitivo es suplantado por el yo que es «la gente», por el yo convencional, complicado, «culto». El llamado hombre «cul-

to» aparece siempre en épocas de cultura muy avanzada y que se compone ya de puros tópicos y frases.

Se trata, pues, de un inexorable proceso. La cultura, producto el más puro de la autenticidad vital, puesto que procede de que el hombre siente con angustia terrible y entusiasmo ardiente las necesidades inexorables de que está tramada su vida, acaba por ser la falsificación de la vida. Su yo auténtico queda ahogado por su yo «culto», convencional, «social». Toda cultura o grande etapa de ella termina por la «socialización» del hombre y, viceversa, la socialización arranca al hombre de su vida en soledad que es la auténtica. Nótese que la socialización del hombre, su absorción por el yo social aparece al extremo de la evolución cultural, pero también antes de la cultura. El hombre primitivo es un hombre socializado, sin individualidad.

Se comete un craso error presumiendo que es ahora cuando se ha inventado la socialización o colectivización del hombre. Eso se ha hecho siempre que la historia caía en crisis. Es la máxima enajenación o alteración del hombre. En cada crisis, claro está, se ha verificado partiendo de una dimensión diferente. En el Imperio Romano, desde el siglo III, por tanto, bajo la política de los Severos, el hombre es estatificado —moral y materialmente. Se persigue a los intelectuales que entonces solían llamarse filósofos. Se obliga a los hombres más personales y pudientes de cada municipio a tomar sobre sí la vida de la ciudad, especialmente las cargas municipales. Esto aniquiló espiritual y económicamente las minorías mismas que habían creado el esplendor romano.

En el siglo XIV el hombre desaparece bajo su función social. Todo es sindicatos o gremios, corporaciones, estados.

Todo el mundo lleva hasta en la indumentaria el uniforme de su oficio. Todo es forma convencional, estatuida, fija: todo es ritual, infinitamente complicado.

El saber, por ejemplo, se da en forma tan intrincada, tan sobrecargada de distinciones, clasificaciones, argumentaciones, que no hay modo de descubrir en selva tan tupida el repertorio de ideas claras y simples que orienten de verdad al hombre en su existencia. Me sorprende que no se haya subrayado debidamente la complicación de la cultura, sin más y en cuanto tal, como una de las causas principales de la crisis sufrida por la extrema Edad Media. Y como no se ha caído en la cuenta de ello, no se ha sabido qué hacer con el anhelo más claro y constante que desde comienzos del XV hasta el propio Descartes resuena sin descanso a lo largo de los dos siglos: el anhelo de simplificación. Pero de todo esto hablaremos en la próxima lección.

Ahora nos importa fijar en nuestro esquema general el punto a que llega ese hombre «culto» de una cultura sobrecargada y es que se encuentra dentro de ella en situación análoga a aquélla en que el hombre iniciador de la cultura se encontró dentro de su vida espontánea. Se encuentra ahogado por el contorno cultural como éste por su contorno cósmico. Y la analogía de la situación le obliga a una reacción salvadora análoga. El hombre que está en la selva reacciona ante sus problemas creando una cultura. Para ello procura retirarse de la selva y ensimismarse. No hay creación sin ensimismamiento. Pues bien, el hombre demasiado «cultivado» y «socializado», que vive de una cultura ya falsa, necesita absolutamente de... otra cultura, es decir, de una cultura auténtica. Pero ésta no puede iniciarse sino desde el fondo sincerísimo y desnudo del propio yo personal. Tiene, pues, que volver a tomar contacto consigo mismo. Mas su yo culto, la cultura recibida, anquilosada y sin evidencia, se lo impide. Esa cosa que parece tan fácil —ser sí mismo— se convierte en un problema terrible. El hombre se ha distanciado y separado de sí merced a la cultura; ésta se interpone entre el verdadero mundo y su verdadera persona. No tiene, pues, más remedio que arremeter contra esa cultura, sacudírsela, desnudarse de ella, retirarse de ella, para ponerse de nuevo ante el universo en carne viva y volver a vivir de verdad. De aquí esos períodos de «vuelta a la naturaleza» es decir, a lo autóctono en el hombre, frente y contra lo cultivado o culto en él. Por ejemplo, el Renacimiento; por ejemplo, Rousseau y el romanticismo y... toda nuestra época.

Con este esquema podemos volver a la «crisis» de 1350 a 1650 y de ella a su momento central, que fue el Renacimiento. Ahora comprendemos que el hombre se presintiese re-nacer. Era que buscaba el nuevo contacto consigo mismo. Pero estorba nuestra comprensión de aquella edad la forma externa que, por lo pronto, tomó esa vuelta a sí mismo y a la naturaleza que, a primera vista, consistió en un retorno a los clásicos.

LECCIÓN VII

LA VERDAD COMO COINCIDENCIA
DEL HOMBRE CONSIGO MISMO

En las dos lecciones anteriores he intentado dibujar el esquema de las crisis históricas; es decir, la estructura general de la vida cuando se vive en crisis. Crisis, decía yo, es una categoría de la historia porque es una modalidad radical que toma la existencia humana. «Época clásica», «Siglo de Oro», son nombres un poco torpes de la categoría histórica opuesta a la crisis. En la «Época clásica», en el «Siglo de Oro», cree el hombre saber a qué atenerse respecto a su circunstancia: posee un sistema de convicciones auténticas, firmes —esto es, un mundo transparente ante sí. Recuérdese que en nuestra terminología mundo significa el conjunto de soluciones que el hombre halla para los problemas que su circunstancia le plantea. Pues bien: el mundo en que se encuentra el hombre del Siglo de Oro contiene un mínimum de problemas sin resolver.

Mas es preciso, si se quieren entender de verdad estas fórmulas, que todos los conceptos en ellas empleados sean referidos a la realidad radical que es nuestra vida, esto es, que sean entendidos vitalmente. Hoy tendemos a tomar, desde luego, esas palabras —problemas, solución— en un sentido intelectualista, más aun, científico, como si problema significase, sin más ni más, problema científico, y solución, solución científica. Esta propensión revela simplemente cuál es o ha sido hasta hace poco nuestro mundo vigente, el sistema de nuestras convicciones. Vivimos, en efecto, de la ciencia; se entiende, de nuestra fe en la ciencia. Y esta fe no es más ni menos fe que otra cualquiera —con lo cual, conste, yo no quiero decir que no sea, tal vez, más justificada y en tal o cual sentido superior a toda otra fe. Lo único que digo es que se trata de una fe, que la ciencia es una fe, una creencia en que se está, como se puede estar en la creencia religiosa.

La historia que vamos a contar es precisamente la del tránsito que hace el hombre de estar en la creencia de que Dios es la verdad a estar en la creencia de que la verdad es la ciencia, la razón humana; por tanto, del cristianismo al racionalismo humanista. Nos importa, pues, mucho tomar una posición lo suficientemente honda para que podamos discernir no sólo lo que una y otra creencia tienen de diferente, sino también lo que tienen de común.

Para ello nos es menester rectificar radicalmente una de las ideas más tercas, más insistentes a lo largo de la tradición intelectual humana: la idea según la cual el hombre está inclinado naturalmente a saber. La expresión es de Aristóteles, pero el pensamiento reside en casi todas las filosofías, hasta el punto de que ni siquiera se toman el trabajo de hacerlo constar, como al fin y al cabo lo hace Aristóteles. Ese pensamiento es el que lleva a la definición del hombre como *homo sapiens*, como animal sabihondo, que en alguna lección anterior invité a ustedes a rechazar.

No es posible que intentemos ahora desarrollar debidamente el tema, que es, sin duda, el fundamental en la filosofía. Reducido a su última abreviatura y expuesto con lacónico dogmatismo, tenemos lo siguiente:

Casi todas las grandes filosofías han partido de estos dos supuestos. 1.º Que las cosas, además del papel que representan en su relación inmediata con nosotros, tienen por sí mismas una segunda realidad oculta y más importante que aquella inmediata y paladina, una realidad latente a la cual llamamos su ser. Así esta luz, además de consistir en lo que de ella veo y en alumbrarme, tiene un ser, el ser de la luz. 2.º Que el hombre tiene que ocuparse en descubrir ese ser de las cosas.

Aunque parezca increíble, las filosofías del pasado no se han hecho aisladamente cuestión —por lo menos, no se la han hecho a fondo— de si esas dos presunciones son firmes. Dan por supuesto, desde luego, que las cosas tienen por sí mismas un ser, y comienzan sin más a investigar cómo es ese ser. Unas lo interpretan de un modo, otras de otro, pero todas lo suponen. Parejamente, consideran como lo más natural del mundo, esto es, como cosa que no ha lugar a discutir, que el hombre se esfuerce en averiguar ese ser de las cosas, que es lo que significan las palabras conocer, saber. Y en casi todas ellas late la convicción de que el hombre sólo es propia y plenamente hombre cuando se ocupa en saber. Según esto —y apretemos bien los términos, para que no se nos escape el delincuente—, yo tengo que esforzarme en saber, esto es, en formarme ante cada cosa un pensamiento que refleje su ser; por tanto, en hacer que mi pensamiento coincida con el ser de las cosas. Cuando yo no he logrado forjarme ese pensamiento no sé lo que la cosa es, y entonces la cosa me es un problema. Ahora bien: es infinito el número de cosas cuyo ser ignoro; más aún: en la mayor parte de ellas ni siquiera he reparado, y, sin embargo, según esta idea, también me son problema, puesto que no poseo noción de su ser.

Ante absurdo semejante, pregunta uno humildemente al filósofo: Pero, señor, ¿por qué todo esto? ¿Por qué no he de contentarme con ver esta luz y procurar que me alumbre cuando la he menester, sino que he de azacanarme tras ese supuesto ser de ella, o, lo que es aún peor, tras el ser de cosas que aun como simples cosas me son desconocidas, de cuya simple existencia no tengo la menor noticia? No necesito grandes explicaciones para comprender que me interesa todo lo que se refiere a mí, y si yo tengo un ser, comprendo que debo preocuparme en descubrirlo. Pero, ¡señor mío!, ¿es cosa tan evidente y nada menesterosa de justificación que yo tenga que interesarme por ese ser que según los filósofos tienen las cosas ellas por sí? ¿No es esto un supuesto arbitrario? Ya veo que hay ciertos hombres que se ocupan en averiguar el ser de las cosas: el matemático, el físico, el biólogo, el historiador, el filósofo —son los intelectuales. Pero yo no pretendo sino ser un pobre hombre, que se ha encontrado teniendo que vivir sin que se le haya consultado antes de nacer. ¿Por qué tengo obligación de ser intelectual? En todo el pensamiento griego, en casi todo el medieval y moderno late esa afirmación de que ser hombre es ser intelectual. Pero, señor, ¿por qué? Denme una razón, aunque sólo sea un pretexto, con tal que sea un pretexto serio. No veo, no veo por qué estoy obligado a interesarme en el ser de las cosas, si este ser lo tienen ellas por su cuenta y aparte de mí. Es más: apurando tan sólo un poco el asunto, sería preciso que esos gentiles caballeros que son intelectuales justificasen por qué lo son, por qué dedican a eso su vida. La vida de cada cual es lo único que para cada cual hay, es la realidad radical, y, por lo mismo, inexorablemente seria. Cada cual tiene, quiera o no, que justificar ante sí mismo su empleo. Si hace esto, y no aquello, es por algo. No vale suponer que dedicarse a la ocupación intelectual no necesita justificación, pero sí la necesita dedicarse al ajedrez o a la embriaguez. Eso es pura arbitrariedad. No vale, pues, decir que teniendo las cosas un ser y el hombre la facultad de descubrirlo, le es natural ejercitar ésta. También el ajedrez tiene piezas y reglas y el hombre la facultad de mover aquéllas cumpliendo éstas, y, sin embargo, no se define al hombre como el animal ajedrecista. Parejamente acaece que tengo piernas para correr, y, no obstante, corro muy pocas veces y ahora, por ejemplo, me conviene más estar sentado.

Vemos con extrañeza que en cuestión tan previa y fundamental las grandes filosofías han procedido con ligereza increíble. El saber, que consiste, por lo pronto, en hacerse cuestión y problema de todo, no se ha hecho cuestión de sí mismo, de cuál es su sentido, de por qué se ejercita y afana el hombre en él. ¿No hay aquí un extraño prejuicio intelectualista —extraño, sobre todo, por la frecuencia y constancia con que lo padece la humanidad, sin más que breves interrupciones— desde hace veintisiete o veintiocho siglos?

Reitero mi pregunta: ¿por qué me voy a interesar en hacerme pensamientos que reflejen el ser de las cosas? ¿Por curiosidad? Mal anda la ciencia si brota de raíz tan ruin y frívola. Es curioso el que se ocupa de lo que, en verdad, no le preocupa. La curiosidad es casi, casi la definición de la frivolidad misma. En el mejor caso, la ciencia sería bajo tal perspectiva una afición. Pero nadie está obligado a tener una afición determinada, sobre que entonces el *homo sapiens* sería un aficionado y nada más. La palabra misma filosofía arrastra milenariamente este estigma de frivolidad: significa sólo la afición a saber.

Otros, como los positivistas, creerán justificar, explicar por qué el hombre se ocupa en el conocimiento diciendo que le conviene saber, porque al averiguar el ser de las cosas obtiene un medio para dominarlas y ejercer sobre ellas su imperio. Según esto, el saber tiene un origen utilitario. ¡Lucida explicación! Para caer en la cuenta de que el saber produce dominio sobre las cosas es preciso que haya primero un saber conquistado sin miras utilitarias, una vez poseído el cual se advierte que rinde utilidad. ¿Cómo podía saber el primer hombre que se dedicó a saber las ventajas que su ocupación le podía acarrear? Y ante todo, ¿cómo supo y se le ocurrió que las cosas tienen un ser?

Porque ésta es otra. Si resultase que, como siempre se ha creído, tienen las cosas por sí un ser, me parece muy difícil poder justificar que el hombre tenga interés ninguno en ocuparse de él. Más favorable sería el caso contrario. Pues puede acaecer que la verdad sea todo lo contrario de lo que hasta ahora se ha supuesto: que las cosas no tienen ellas por sí un ser, y precisamente porque no lo tienen el hombre se siente perdido en ellas, náufrago en ellas, y no tiene más remedio que hacerles él un ser, que inventárselo. Si así fuese, tendríamos el más formidable vuelco de la tradición filosófica que cabe imaginar. ¡Cómo! ¿El ser —que parece significar lo que ya está ahí, lo que *ya* es—, consistiría en algo que hay que hacer y que por tener irremediablemente que hacerlo es la vida del hombre tan fatigosa, tan laboriosa, tan hacendosa? ¡Ah!, entonces ya se comprendería que al hombre le interese el ser de las cosas, que el hombre se ocupe en pensar sobre ellas para averiguarlo. Porque entonces el ser de las cosas no lo tendrían ellas por sí solas, sino que surgiría únicamente cuando un hombre se encuentra ante las cosas teniendo que habérselas con ellas, y a este fin necesita formarse un programa de su conducta frente a cada cosa, esto es, qué puede hacer con ella, qué no puede hacer, qué puede esperar de ella. En efecto, yo necesito saber a qué atenerme con respecto a las cosas de mi circunstancia. Éste es el sentido verdadero, originario del saber: saber yo a qué atenerme. El ser de las cosas consistiría, según esto, en la fórmula de mi atenimiento con respecto a ellas. Un Dios que tiene siempre las cosas a su disposición, que o no ha menester de ellas o las crea *ad hoc* cuando las ha menester, no necesita que además tengan un ser. Pero a mí me preocupa ahora existir en el instante que viene, en el futuro y lo que en él me pueda pasar. El presente no me preocupa porque ya existo en él. Lo grave es el futuro. Para estar yo ahora tranquilo con respecto al minuto que va a venir, necesito estar seguro, por ejemplo, de que la tierra que ahora me sostiene no me va a fallar luego. Esta tierra de ahora que mis pies pisan es una cosa que está ahí, pero la tierra de luego, la del inmediato futuro no está ahí, no es una cosa, sino que tengo yo ahora que inventarla, que imaginarla, que construírmela en un esquema intelectual, en suma, en una creencia sobre ella.

Una vez que sé a qué atenerme con respecto a la tierra —sea cual sea el contenido de mi creencia, aunque sea el más pesimista—, me sentiré tranquilo porque me adaptaré a lo que creo inevitable. El hombre se adapta a todo, a lo mejor y a lo peor; sólo a una cosa no se adapta: a no estar en claro consigo mismo respecto a lo que cree de las cosas. Por ejemplo, una de las creencias en que el hombre puede estar es la convicción de que todo es dudoso, de que no puede averiguar positivamente ese ser de las cosas que tanto necesita. Pues bien: aun en ese caso extremo el hombre se sentirá tranquilo, ni más ni menos que cuando goza de creencias más positivas. El escepticismo es, en este sentido, una forma de la vida humana como otra cualquiera. Y, sin embargo, en él no cabe que el pensamiento coincida con el ser positivo de las cosas, puesto que niega la posibilidad de descubrirlo. Lo esencial es que el escéptico esté plenamente convencido de su escepticismo, esto es, que sea, en efecto, su auténtico pensamiento; en suma, que al pensar coincida consigo mismo, que no dude respecto a cómo atenerse frente a las cosas. Lo malo es si el escéptico duda de si duda, porque esto significa que no sabe, no ya lo que las cosas son, sino cuál es su auténtico pensamiento. Y esto, esto es lo único a que el hombre no se adapta, lo que la realidad radical, que es la vida, no tolera.

Pero entonces las ideas de problema y solución adquieren un sentido completamente distinto del que han solido tener, un sentido que originariamente excluye la interpretación intelectualista y cienticista. Algo me es problema, no porque ignore su ser, no porque no haya cumplido mis supuestos deberes de intelectual frente a ello, sino cuando busco en mí y no sé cuál es mi auténtica actitud con respecto a ello, cuando entre mis pensamientos sobre ello no sé cuál es rigorosamente el mío, el que de verdad creo, el que coincide conmigo. Y viceversa: *solución de un problema* no significa por fuerza el descubrimiento de una ley científica, sino tan sólo el estar en claro conmigo mismo ante lo que me fue problema, el hallar de pronto entre las innumerables ideas respecto a él una que veo con toda evidencia ser mi efectiva, auténtica actitud ante él. El problema sustancial, originario, y en este sentido único, es encajar yo en mí mismo, coincidir conmigo, encontrarme a mí mismo.

Al vivir he sido lanzado a la circunstancia, al enjambre caótico y punzante de las cosas: en ellas me pierdo, pero me pierdo no porque sean muchas y difíciles e ingratas, sino porque ellas me sacan de mí, me hacen *otro* (*alter*), me alteran y me confunden y me pierdo de vista a mí mismo. Ya no sé qué es lo que de verdad quiero o no quiero, siento o no siento, creo o no creo. Me pierdo *en* las cosas porque *me* pierdo a mí. La solución, la salvación es encontrarse, volver a coincidir consigo, estar bien en claro sobre cuál es mi sincera actitud ante cada cosa. No importa cuál sea esta actitud: sabia o inerudita, positiva o negativa. Lo que importa es que el hombre piense en cada caso lo que efectivamente piense. El campesino más humilde está a lo mejor tan en claro respecto a sus efectivas convicciones, tan encajado en sí, tan cierto de lo que piensa sobre el reducido repertorio de cosas que integran su circunstancia, que no tiene apenas problemas. Y nos maravilla la profunda quietud de su vida, la digna serenidad con que deja fluir su destino. Ya quedan pocos de estos campesinos, porque ha llegado a ellos la cultura, el tópico, lo que el otro día llamábamos la *socialización*, y empiezan a vivir de ideas recibidas y empiezan a *creer* cosas que no creen. ¡Adiós quietud profunda, adiós vida encajada en sí misma, adiós digna serenidad, adiós autenticidad! Como nuestro lenguaje popular dice agudamente, han sacado al hombre de sus casillas, le han sacado de quicio —no encaja en sí mismo.

Por su parte, el hombre que sabe muchas cosas, el hombre culto, corre el riesgo de perderse en la manigua de sus propios saberes y acaba por no saber cuál es su auténtico saber. No tenemos que buscar lejos: éste es el caso del hombre medio actual. Ha recibido tantos pensamientos que no sabe cuáles de entre ellos son los que efectivamente piensa, los que cree, y se habitúa a vivir desde pseudocreencias, desde lugares comunes a veces ingeniosísimos, intelectualísimos, pero que falsifican su existencia. De aquí la inquietud, la alteración profunda que arrastran en el secreto de sí mismas tantas vidas de hoy. De aquí la desolación, el vacío de tanto destino personal que pugna desesperadamente por llenarse con alguna convicción, sin lograr convencerse. Y, sin embargo, ¡la salvación sería tan fácil! Pero fuera preciso que el hombre actual hiciera estrictamente lo contrario de lo que hace. ¿Qué hace? Pues perentoriamente empeñarse en convencerse de lo que no está convencido, fingirse creencias, y para facilitar la íntima ficción, alcoholizarse con las actitudes más fáciles, más tópicas, más de receta, que son las radicales.

No insisto en esto porque quiero hablar de lo actual tan sólo lo estrictamente necesario para que se entienda el tema de este curso —un tema histórico, una peripecia vital del pasado humano.

Resumo todo lo dicho en fórmulas escuetas y numeradas para que queden fijas en la mente de ustedes y puedan apuntarlas con vistas a ulterior meditación:

1.º El hombre, quiera o no, está ya siempre en alguna creencia auténtica con respecto a las cosas que integran su circunstancia.

2.º Pero a veces no sabe o no quiere saber cuál es, entre las muchas ideas que puede pensar, la que constituye su creencia auténtica.

3.º El sentido originario en que algo es problema para el hombre no posee carácter intelectual, ni mucho menos científico. Sino al revés: porque el hombre se encuentra vitalmente, esto es, realmente perdido entre las cosas, y ante las cosas no tiene más remedio que formarse un repertorio de opiniones, creencias o de actitudes íntimas respecto a ellas. Con este fin moviliza sus facultades mentales construyendo un plan de atenimiento frente a cada una y a su conjunto o universo. Este plan de atenimiento es lo que llamamos el ser de las cosas.

4.º Por consiguiente, no hemos venido a la vida para dedicarla al ejercicio intelectual, sino, viceversa, porque estamos, queriéndolo o no, metidos en la faena de vivir, tenemos que ejercitar nuestro intelecto, pensar, tener ideas sobre lo que nos rodea, pero tenerlas de verdad, es decir, tener las nuestras. No es, pues, la vida para la inteligencia, ciencia, cultura, sino al revés: la inteligencia, la ciencia, la cultura, no tienen más realidad que la que les corresponda como utensilios para la vida. Creer aquello es caer en el vicio intelectualista, que ha sido causa varias veces en la

historia del fracaso de la inteligencia. Porque deja sin justificar a ésta precisamente al divinizarla y creer que es lo único que no necesita justificación. Queda así la inteligencia
en el aire, sin raíces, a merced de las dos hermanas enemi-
gas: la *beatería* de la cultura y la insolencia contra la cultura.
En la historia ha sucedido siempre a una época de *beatismo*
cultural otra de insolencia anticultural. En días próximos
veremos cómo estas dos formas de vida —ser *beato* y ser insolente— son dos modos falsos, irreales, de existencia, o dicho en otra forma, que el hombre no puede, aunque quiera, ser de verdad *beato*, ni ser de verdad insolente. Y cuando
es lo uno o lo otro, es que no quiere ser de verdad. El hombre se hace histrión de sí mismo.

En cambio, nuestra interpretación negándose a reconocer en la inteligencia el fin de la vida, hace de ella un ineludible instrumento de ésta, con lo cual la arraiga en la gleba
vital inexorablemente, le proporciona imperecedera autoc-
tonía. El intelectualista tradicional sostenía que el hombre
debe pensar, pero reconocía que de hecho puede el hombre vivir sin ejercitar su inteligencia, que entendía en un
sentido muy estrecho y parcial. La idea nuestra niega que
la inteligencia, la intelectualidad, sea un deber del hombre.
Se contenta con mostrar que el hombre para vivir tiene que
pensar, gústele o no. Si piensa mal, esto es, sin íntima vera-
cidad, vive mal, en pura angustia, problema y desazón. Si
piensa bien encaja en sí mismo —y eso, encajar en sí mismo,
es la definición de la felicidad.

5.º Por tanto, nuestros pensamientos efectivos, nuestras
creencias firmes son un elemento irremediable de nuestro
destino. Significo con esto que no está en la mano del hombre pensar y creer lo que quiera. Se puede querer pensar de

otro modo que como, en efecto, se piensa, y trabajar lealmente por cambiar de opinión e inclusive conseguirlo. Pero
lo que no se puede es confundir nuestro querer pensar de
otro modo con la ficción de que ya pensamos como queremos. Una de las cimas del Renacimiento, el extraño Leonardo de Vinci, acuñó para siempre la norma certera: *Chi
non può quel che vuol, quel che può voglia.* «El que no pueda
lo que quiere, que quiera lo que puede».

6.º Nada de lo dicho roza siquiera la cuestión de si la evolución histórica de la vida humana no trae consigo un sentido tal que el hombre llegue a no poder tener más creencias auténticas que las científicas, esto es, si la última
autenticidad del hombre no es precisamente la razón. Yo
no puedo ahora entrar en asunto tan enorme. Me basta con
hacer notar que de hecho ha habido una época, la que empieza en 1600, durante la cual, en efecto, el hombre no se
sentía encajado en sí mismo, en sus casillas, en su quicio,
más que cuando pensaba conforme a la razón, es decir, que
no creía auténticamente más que cuando creía tener razón.
Es el hombre moderno que, como he dicho, empieza por
ser el hombre galileano y cartesiano. El racionalismo, el tener, quisiera o no, que pensar así, fue su destino. ¿Será definitivo este tipo de hombre, esta forma de la vida que vive
de la razón? Describiendo ciertos fenómenos de la humanidad actual en mi libro *La rebelión de las masas*, he hecho notar que comienzan a surgir en el horizonte europeo grupos
de hombres los cuales, aunque nos parezca paradójico, no
quieren tener razón. ¿Se trata de fenómenos superficiales
y transitorios o se inicia con ello un nuevo tipo de hombre y
de vida que está dispuesto a vivir de la sinrazón? ¿Cabe en
lo humano sustantiva y formalmente la sinrazón como au-

tenticidad o es no más que un síntoma notorio de crisis y de existencia en falso? He aquí una gigantesca interrogación dentro de la cual se halla a estas horas prisionero el porvenir concreto de todos los que estamos aquí.

Pero no puedo permitirme proseguir la cuestión. Me reclama el asunto a que estoy comprometido. Cargados con estas averiguaciones como con aparatos ópticos, volvamos al comienzo.

En la época clásica, en el Siglo de Oro, el hombre medio está encajado en sí mismo: vive con un repertorio inequívoco de sinceras creencias sobre su circunstancia. Su mundo es transparente y contiene un mínimum de problemas. Ahora advertimos plenamente lo que esto quiere decir. No quiere decir que haya resuelto todos los problemas que lo son para nosotros, ni mucho menos todo lo que el intelectualista llama problemas, esto es, el número infinito de cuestiones que el ser de las cosas puede suscitar. No: ha resuelto los suyos; se entiende, la mayor y más grave parte de los suyos, de los que su concreta circunstancia le ha planteado. Lo mismo diremos de las soluciones: son soluciones para él, se siente acorde consigo, sabe a qué atenerse frente a los grandes temas de su existencia. Esta perfecta y admirable ecuación a que llega en sazones tales el hombre con su circunstancia, da a su vida los caracteres específicos que solemos reunir bajo el título de clasicismo. Pero ello mismo revela el cuidado con que es preciso andar cuando se da a lo clásico un valor normativo. En rigor, el clásico sólo es clásico, esto es, perfecto, para él mismo. Querer que otra época viva de los clásicos es invitarla a su íntima falsificación. Lo que del clásico parece aprovechable y ejemplar no es el contenido particular de sus ideas, sino la ecuación entre éstas y su vida, la congruencia con que suele comportarse. En los siglos de oro suele ser efectivo oro casi todo lo que reluce.

La Edad Media tuvo el suyo: fue el siglo XIII, la centuria que empieza con Alberto Magno y sigue con Tomás de Aquino. Entonces aparece el hombre instalado en un mundo sin grandes agujeros problemáticos; un mundo bien calafateado, donde no irrumpen problemas trágicos, insolubles. Dentro de ese mundo el hombre sabe a qué atenerse respecto a todo lo que le circunda y respecto a sí mismo. Un repertorio poco complicado de ideas claras, pero, a la vez, lo bastante completo para que en él estén prevenidas todas las inquietudes del hombre contemporáneo; se entiende, contemporáneo de ese mundo. Santo Tomás va a los problemas derecho, sin andarse en juegos ni dilectaciones morosas de técnico, de intelectual: va a resolverlos porque como hombre necesita que se los resuelva el intelectual que lleva dentro. No es muy agudo Santo Tomás: no era ésta su gracia, sino, por el contrario, el buen sentido. Más agudo era Duns Scoto y luego otros muchos, Ockam sobre todo. La misión superior del hombre no es ser agudo, sino simplemente resolver su vida lealmente, sinceramente. Pero así como Santo Tomás no tolera al intelectual que lleva dentro juegos de intelectual —no le consiente que se convierta en juglar de sí mismo— acepta como hombre la obligación de intelectualidad que su tiempo le impone. Al Occidente acaba de acaecerle una gran peripecia: locamente, románticamente, el europeo ha invadido el Oriente con las Cruzadas. Las Cruzadas no se han contado aún bien. Son una de las cosas más extravagantes que se han hecho en el planeta. Fueron un fracaso para los hombres y los pueblos que las emprendieron; pero, sin presumirlo, produjeron resultados magníficos para los hombres del futuro. El europeo tomó en ellas pleno contacto con la civilización árabe, que entonces llevaba dentro de sí la griega. Cuando los cruzados en resaca se retrajeron a sus glebas occidentales, arrastraron a ellas el légamo de la ciencia arábigo-helénica. Un torrente de nuevo saber penetra en Europa, en la Europa cristiana, mística, casi puramente religiosa y bélica, apenas intelectual, por lo menos, muy poco científica. Es la fecha en que rebrota dentro de la vida medieval el hontanar inquietante de Aristóteles —que es la ciencia como tal, la razón pura y a secas, lo otro que la fe religiosa. El cristianismo se encuentra entonces con este dilema: o dar la batalla a la ciencia con el intelecto religioso o integrar la fe con la ciencia aristotélica, o aniquilar al enemigo o tragárselo. Lo primero era imposible: el intelecto cristiano no había podido hacerse por sí mismo lo bastante vigoroso para poder luchar con la maravilla de la mejor inteligencia de Grecia. Sólo cabía la segunda solución: Alberto Magno y Santo Tomás adaptaron el cristianismo a la ideología griega. Es la segunda helenización del espíritu cristiano: la otra, si se cuenta hasta San Agustín, tuvo lugar en su misma cuna. Nace en medio de la cultura grecorromana y no tiene más remedio que filtrar hasta su medula elementos extraños. No es fácil imaginar dos inspiraciones más antagónicas que la cristiana y la griega. Sin embargo, aquélla no tiene más remedio que adaptarse a ésta, adaptarse desde su raíz misma. El cristianismo ha tenido en este orden un destino trágico. No ha podido hablar nunca su idioma: en su teo-logía —su hablar de Dios— el *theos* es cristiano y el *logos* predominantemente de Grecia. Y mirando las cosas con un poco de rigor se advierte que el logos griego traiciona constante e inevitablemente la intuición cristiana. Para no citar sino lo más reciente, vea quien se interese en el tema el libro que hace unas semanas ha publicado Jean Guitton con el título *El tiempo y la eternidad en Plotino y San Agustín*. El griego es ciego para el transmundo, para lo sobrenatural: el cristiano, por su parte, es ciego para el intramundo, para la naturaleza. Y el cristiano tiene que hacerse explicar lo que él ve, pero no puede decir, por el griego que está ciego para lo que ve el cristiano. Casi, casi es el famoso diálogo en que el ciego pregunta al tullido: ¿Cómo anda usted, buen hombre? Y el tullido responde: ¡Como usted ve, amigo!

En estos últimos años comenzamos a descubrir con precisión esta tragedia permanente del cristianismo, a la cual debe, tal vez, su triunfo material, pero que ha impedido y trabado siempre el espontáneo desarrollo de su inspiración. Sin Cruzadas, sin Aristóteles, acaso en el siglo XIII hubiera comenzado a formarse con todo vigor una filosofía cristiana en el sentido rigoroso de ambas palabras. El intelecto medieval empezaba a gozar de madurez suficiente para ello. Pero Averroes y Avicena arrojaron sobre Occidente el Corpus Aristotélico, y Alberto Magno y Santo Tomás no tuvieron más remedio que aplastar una posible filosofía cristiana imponiendo a la inspiración gótico-evangélica la tiranía, la deformación del aristotelismo. A esa deformación es a lo que el señor Gilson, en libro también recentísimo —titulado *L'esprit de la philosophie médiévale*— llama precisamente filosofía cristiana.

La auténtica filosofía cristiana sería una línea irreal que sólo podemos fijar en algunos de sus puntos: San Agustín, los Victorinos, Duns Scoto, Eckhart, Nicolás Cusano.

Que ahora se celebre a Alberto Magno como instaurador de la filosofía cristiana pudiera acaso juzgarse como un acto más en la tragedia del cristianismo, un extraño *quid pro quo* como otros que tristemente registra la historia.

Pero sea o no esto como acabo de enunciar, no es asunto en que podemos demorarnos. Nuestro propósito es presenciar cómo el hombre abandona el mundo medieval que es en su estrato más profundo cristianismo.

Pero ¿qué es ser cristiano? ¿Qué estructura de la vida representa el modo cristiano como opuesto al modo racionalista de la época moderna?

No podemos entenderlo si no anteponemos algunas, poquísimas palabras, sobre la situación en que se hallaba el hombre en el siglo primero antes de Cristo. El hombre griego, el hombre romano, el hombre judío coincidieron entonces en una misma situación vital. ¿Cuál era ésta? En rigor, basta con una palabra: desesperación. No se entiende el cristianismo si no se parte de la forma radical de la vida que es la desesperación.

LECCIÓN VIII

EN EL TRÁNSITO DEL CRISTIANISMO
AL RACIONALISMO

No sabemos lo que nos pasa, y esto es precisamente lo que nos pasa, no saber lo que nos pasa: el hombre de hoy empieza a estar desorientado con respecto a sí mismo, *dépaysé*, está fuera de su país, arrojado a una circunstancia nueva que es como una tierra incógnita. Tal es siempre la sensación vital que se apodera del hombre en las crisis históricas. Esta desorientación, esta iniciación de pánico, este no saber lo que nos pasa es percibido con cariz diferente por los que habiendo vivido una parte de nuestra vida en tierra conocida hemos asistido con plena conciencia a nuestro propio destierro de ella y por los jóvenes que han nacido ya en el territorio desconocido. No puedo detenerme a describir ese diferente cariz con que una misma realidad, la de la crisis, se presenta al hombre maduro y al joven. En definitiva, para ambos es el resultado igual: la sensación de hallarse en la divisoria de dos formas de vida, de dos mundos, de dos épocas. Y como la nueva forma de vida aún no ha granado, aún no es lo que va a ser, sólo podemos buscar alguna claridad respecto a ella, respecto al futuro nuestro, volviendo la mirada a la vieja forma de vida, a lo que parece que acabamos de abandonar. Precisamente porque la vemos conclusa, la vemos con máxima claridad. En realidad, sólo ahora tenemos una noción clara de lo que se ha llamado «edad moderna». Siempre acontece esto. La vida, decía yo, es una operación que se hace hacia adelante. Vivimos originariamente hacia el futuro, disparados hacia él. Pero el futuro es lo esencialmente problemático: no podemos hacer en él pie, no tiene figura fija, perfil decidido. ¿Cómo los va a tener si aún no es? El futuro es siempre plural: consiste en lo que puede acaecer. Y pueden acaecer muchas cosas diversas, incluso contradictorias. De aquí la condición paradójica, esencial a nuestra vida, de que el hombre no tenga otro medio de orientarse en el futuro que hacerse cargo de lo que ha sido el pasado, cuya figura es inequívoca, fija e inmutable. De suerte que precisamente porque vivir es sentirse disparado hacia el futuro rebotamos en él como en un hermético acantilado y vamos a caer en el pasado, al cual nos agarramos hincando en él los talones para volver con él, desde él, al futuro y realizarlo. El pasado es el único arsenal donde encontramos los medios para hacer efectivo nuestro futuro. No recordamos porque sí. Muchas veces he insistido en que nada de lo que hacemos en nuestra vida lo hacemos porque sí. Recordamos el pasado *porque* esperamos el futuro y en vista de él.

Aquí tienen ustedes el origen de la historia. El hombre hace historia porque ante el futuro, que no está en su mano, se encuentra con que lo único que tiene, que posee, es su pasado. Sólo de él puede echar mano: es la navecilla en que se embarca hacia el inquieto porvenir.

Y este rebote del futuro al pretérito acontece en el hombre a toda hora, lo mismo en lo grande que en lo trivial. Cuando dentro de poco, concluida la lección, se encuentren ustedes ante un futuro que consiste en tener que salir de esta aula, surgirá en ustedes el recuerdo de dónde estaba la puerta por la que entraron.

Así, la conciencia de que vamos hacia un futuro que es especialmente problemático, hacia una nueva forma de vida, aguza nuestra mente y despierta nuestro interés para hacernos cargo de cómo fue la vida humana en la época moderna. La vemos hoy como un trayecto completo, con su fin reciente y su comienzo en 1600. Pero este comienzo no nos es claro si no nos hacemos cargo de cómo vivía el hombre en la etapa inmediatamente anterior. Entonces advertimos que esa etapa de que brotó la modernidad ha sido una sazón de crisis como la nuestra. De aquí nuestro especialísimo interés por ella. También entonces el hombre se vio obligado a salir de un mundo, de un país conocido en que habitaba, el mundo medieval. Y no se trata simplemente de que antes de nuestro presente existiese una vida moderna y antes un Renacimiento y antes una existencia medieval. No se trata de una serie meramente sucesiva, sino que en ella cada estadio brota del anterior. Si hoy nos encontramos con el agrio aspecto de nuestra circunstancia no es por casualidad, sino *porque* la vida moderna fue como fue y ésta, a su vez, lleva dentro de sí, como su entraña, el Renacimiento, que fue tal porque la Edad Media vivió como vivió, y así sucesivamente hacia atrás. Nuestra situación actual es resultado de todo el pretérito humano en el mismo sentido en que el último capítulo de una novela no se entiende si no se han leído los anteriores. Y es muy posible que una de las causas que producen la grave desorientación respecto a sí mismo en que hoy se halla el hombre, sea el hecho de que en las cuatro últimas generaciones el hombre medio, que sabe tantas cosas, no sabe nada de historia. Muchas veces he hecho notar que el tipo de hombre que en el siglo XVIII o XVII correspondía a lo que es hoy nuestro hombre medio, sabía mucho más de historia que el hombre actual. Por lo menos, conocía la historia griega y la historia romana, y estos dos pretéritos servían de fondo y daban profunda perspectiva a su actualidad. Mas hoy el hombre medio se encuentra, por su ignorancia histórica, casi como un primitivo, casi como un primer hombre, y de aquí —aparte otras cosas— que, en efecto, dentro de su alma vieja e hipercivilizada broten de pronto inesperados modos de salvajismo o de barbarie.

No le demos vueltas: la realidad radical es nuestra vida y ésta es como es, tiene la estructura que tiene porque las anteriores formas de vida fueron tales y como fueron en línea concretísima de destino único. Por eso no se puede entender rigorosamente una época si no se entienden todas las demás. El destino humano constituye una melodía en que cada nota tiene su sentido musical colocada en su puesto entre todas las demás. Por eso la canción de la historia sólo se puede cantar entera —después de todo, como la vida de un hombre sólo se entiende cuando se cuenta de su principio a su fin. La *historia es sistema*[1] —un sistema lineal tendido en el tiempo. La serie de las formas de vida humana que ha habido, en efecto, no son infinitas, son unas cuantas, tantas como generaciones, unas cuantas precisas y determinadas que se suceden unas a otras y salen unas de otras como las figuras de un caleidoscopio integrando, como he dicho, una melodía, la melodía del destino universal humano —el drama del hombre, que es, en rigor, un auto sacramental, un misterio, en el sentido de Calderón, es decir, un acontecimiento trascendente. Porque en la vida humana va inclusa toda otra realidad, *es* ella la realidad radical, y cuando una realidad es *la* realidad, la única que propiamente hay, es, claro está, trascendente. He aquí por qué la historia —aunque no lo hayan creído las últimas generaciones— es la ciencia superior, la ciencia de la realidad fundamental —ella y no la física.

Pero ahora nos urgía hacernos cargo de cuál es la armazón de la vida medieval en su hora clásica. Y notábamos que esa vida del siglo XIII era la articulación de la inspiración cristiana con los pensamientos de Grecia. El cristianismo es el estrato básico y decisivo. Y, aun a sabiendas de que sólo unas docenas de palabras podemos dedicar al tema, nos preguntábamos: ¿qué es ser cristiano?, esto es, ¿cómo, para responder a qué circunstancia y situación, penetra en la mente humana el pensamiento cristiano? Ya anticipé la respuesta: en el siglo I antes de Cristo el hombre griego, el hombre romano y el hombre judío coinciden en una misma situación. Como el libro se compone de hojas y la materia de átomos, la vida —nuestra vida— se compone

1. Véase *Historia como sistema*. [Tomo VI de las *Obras completas*].

de situaciones. Situación —la palabra lo indica— es aquello en que se está. Y donde verdadera y últimamente está siempre el hombre es en alguna situación. No está en este sitio o en el otro de la tierra, ni siquiera, más generalmente, es en la tierra —en una u otra tierra— donde el hombre radicalmente está. Yo con la tierra sobre que me apoyo podemos estar en muy distintas situaciones. En esta misma aula estaba yo hace treinta años, pero estábamos el aula y yo en una situación bien diferente —personal y colectiva— que en la que hoy estamos. El verdadero y definitivo suelo en que se está es, pues, la situación vital. Hace treinta años estábamos yo y los demás europeos en una situación de radical satisfacción. ¡Qué pena no tener tiempo para describir a ustedes lo que era esa satisfacción y qué cara tenía en ella el mundo! Entonces veríamos lo peligroso que es para el hombre estar demasiado satisfecho. Pues bien: porque el europeo estaba entonces tan en satisfacción, precisamente por ello, está hoy en un suelo y en un aire que se llama inquietud, desazón.

Parejamente, la situación del hombre mediterráneo en el siglo I antes de Cristo era la desesperación. Para aclarar en qué consiste ésta, andando con las prisas que ando, voy sólo a recordar un hecho. El hombre más representativo de la época es el romano Cicerón. Va en él toda la cultura específicamente romana, toda la tradición jurídico-política de la República como tal. Pero, además, Roma triunfante se había dejado inevitablemente contaminar de la cultura griega. Cicerón ha aprendido cuanto se podía aprender de Grecia: filosofía, ciencias, retórica. ¿Cuál era su mundo? ¿De qué convicciones vivía Cicerón? ¿Con qué soluciones o creencias firmes afrontaba los problemas de su circunstancia? Cicerón era nada menos que Pontífice. Pues bien: si ustedes leen su libro *Sobre la naturaleza de los dioses*, se encontrarán ustedes sorprendidos con la enormidad de que este hombre que es pontífice romano, ante una cuestión tan decisiva para la vida como si hay o no dioses, y si los hay qué hacen, cómo se comportan, si se ocupan o no de los hombres, no sabe qué pensar. Conoce y expone todas las teorías que el pasado cultural griego y romano —sobre todo griego— han elucubrado sobre los dioses. Son muchas, divergentes y aun contradictorias: Platón y los peripatéticos, estoicos, epicúreos, etcétera. *Sabe* todas esas teorías, pero se encuentra con que ninguna de esas teorías es la auténticamente suya; es decir, el pontífice no sabe a qué atenerse sobre si hay o no dioses. ¡Así, enormemente así!

¿Creen ustedes que así —sin saber a qué atenerse ni sobre eso ni sobre lo demás, porque lo mismo le pasa respecto a las instituciones políticas—, creen ustedes que así se puede vivir? Se puede vivir, claro está, pero se vive perdido, en una como mortal angustia prolongada. De un mundo que se ha vuelto a convertir en puro problema —y una parte del mundo es el hombre— no se puede esperar nada positivo. Se vive, pues, pero lo que se vive, la sustancia de esa vida es desesperación. En su libro *Sobre el bien y el mal sumos —De finibus bonorum et malorum—* lo declara taxativa y formalmente Cicerón en unas palabras que no he visto nunca debidamente subrayadas: «Los académicos —es decir, él, Cicerón, que se declara académico— estamos en la desesperación del conocimiento», desesperados de saber. Pero su libro *De Republica*, en que analiza la situación de las instituciones tradicionales en aquel momento político, revela una actitud semejante. Pontífice, no sabe si hay dioses; consular, es

decir, gobernante, no sabe qué Estado debe haber. La creación política de Roma es demasiado complicada. De puro
irle bien a Roma, naufraga en su propia abundancia. He
aquí un hombre perdido en su misma cultura intelectual y
política.

El judío, quiero decir la vida hebrea, tiene desde siempre
una estructura muy distinta de la greco-romana. Pertenece
a la forma asiática de la existencia —Sumeria, Acadia, Caldea,
Babilonia, Persia, India. Mientras en el hombre occidental la norma —tal vez un poco pueril— es estar satisfecho
y sólo de cuando en cuando y de pronto, como los niños,
caer en desesperación, este hombre vive siempre desesperado. Es ésta su actitud primaria y normal. La satisfacción
es siempre satisfacción de sí mismo, de lo que se es por sí,
de lo que se tiene y se goza: es confianza en el propio ser.
El griego confía en su valor y su ingenio —en su razón. El
romano, en su Estado, en su ejército, en su burocracia, en
sus jueces: para él, vivir es mandar, entiéndase bien, organizar; tiene una idea regimental de la vida. Pero este hombre del Asia desconfía de sí mismo, y para vivir parte ya,
como del supuesto radical, de esta desconfianza. Por eso
no puede vivir por su exclusiva cuenta: necesita un apoyo,
un poder más fuerte que él en quien ampararse, a quien encargar de su vida. Este poder es Dios. Mas los dioses asiáti-
cos tienen muy poco que ver con los de Occidente. Las di-
vinidades occidentales no son más que superlativos de la
realidad natural —son los poderes máximos dentro de la naturaleza. Entre el hombre y las entidades mitológicas hay
sólo una diferencia que podíamos calificar de cuantitativa y
que permite la continuidad entre lo humano y lo divino. Es
curioso advertir la indecisión de Aristóteles respecto a la

naturaleza: en su tratado *De divinatione per somnum*, 2, 463, b, 12, dice: ἡ γὰρ φύσις δαιμονία, ἀλλ᾽ οὐ θεία —la naturaleza es demónica, no divina—; en cambio, en la *Ética a Nicómaco*, VII, 14, 1.153, b, 32, dirá: πάντα γὰρ φύσει ἔχει τι θεῖον —todo lo natural es algo divino. En el hombre asiático no existe esta indecisión; desde luego, piensa lo divino en contraposición dialéctica con lo natural y humano. La expresión de esta idea es, claro está, impura al principio, porque el intelecto del hombre comienza dondequiera por ser corporalista, o si se quiere mayor rigor diremos que comienza por la incapacidad de pensar algo sin materia. Pero al través del defectuoso instrumento conceptual resplandece en la intención asiática, desde luego y siempre —tal vez la cosa es sólo problemática con respecto a China— la tendencia a pensar a Dios como lo otro que la naturaleza, como lo transnatural o sobrenatural. Lo natural y, por tanto, lo humano es la realidad constitutivamente manca, insuficiente, tanto, que aislada y por sí no podría existir, no tendría realidad. El hombre se siente como fragmento inválido de otra realidad completa y suficiente, que es lo divino. Para quien vive desde esa convicción, la existencia consiste en referir constantemente el propio ser deficiente a la ultra-realidad divina, que es la verdadera. Se vive desde Dios, desde la relación del hombre con Dios, no desde sí mismo.

Pues bien: la vida judaica pertenece a este tipo de estructura. El pueblo hebreo, y dentro de él cada hombre hebreo, existe gracias a una alianza con Dios. Todo su natural e intramundano hacer está impregnado, transido de esta primaria relación contractual con Dios. En ella encuentra la seguridad que su desconfianza en sí mismo no podría nunca proporcionarle. Lo malo es que esa alianza, ese contrato implica por parte de Jehová una durísima condición: la ley. En el *do ut des* de este contrato sobrenatural Dios está con el hombre hebreo *si* éste cumple la ley. La ley es el programa de quehaceres del hombre —un programa claro, terriblemente claro e inequívoco, que prescribe el módulo de innumerables actos rituales. La ley de Dios es, pues, al hebreo, lo que la razón al griego y el Estado al romano: es su cultura, el repertorio de soluciones a los problemas de su vida. Pues bien: en el siglo I antes de Cristo, el judío desespera de poder cumplir la ley, se siente perdido en ella, como Cicerón en la filosofía y en la política.

Si ahora recuerdan el esquema de las crisis, de todas las crisis a cuyo enunciado dediqué dos lecciones, reconocerán en estos grandes hechos de la historia mediterránea lo que yo señalaba como causa e iniciación de toda crisis histórica: el hombre primitivo, perdido en su áspera circunstancia elemental, reacciona creando un repertorio de actitudes que le representan la solución de los problemas planteados por aquélla: este repertorio de soluciones es la cultura. Pero al ser recibida esta cultura por las generaciones posteriores se va complicando y va perdiendo autenticidad: se convierte en amaneramiento y en tópico, en narcisismo cultural y en letra muerta. El hombre entonces vuelve a perderse, a desmoralizarse, pero ahora no en la selva primaria, sino en la vegetación excesiva de su propia cultura. De modo que al avanzar ésta y desarrollarse llega inexorablemente a una cierta estación en que: 1.º, las nociones sobre las cosas y las normas de conducta en que ella consiste se han hecho demasiado complicadas y desbordan la capacidad intelectual y moral del hombre. Sea dicho entre paréntesis: poco antes de Cicerón, Varrón nos hace saber que en su tiempo existían 280 opiniones diferentes acerca de qué es lo bueno, lo que se debe procurar; 2.º, esas nociones y esas normas pierden vivacidad y evidencia sobre los hombres que tienen que usarlas, y 3.º, la cultura no queda repartida con orgánica espontaneidad y precisión en los grupos sociales que la van creando, y, por tanto, en la proporción en que la entienden y sienten, sino que esa cultura superior es inyectada como mecánicamente en las masas. Éstas, al hacerse cultas, se entiende pseudocultas, pierden su autenticidad y quedan falsificadas por la cultura superior. Éste es el fenómeno de la *socialización*, el reino del lugar común que penetra en el pobre hombre y desaloja su yo auténtico.

Pues bien: todos estos rasgos se dan —unos plenamente, otros inicialmente— en el siglo I antes de Cristo. Las culturas se mezclan unas con otras y a la vez se vulgarizan. El intelectualismo griego penetra en el voluntarismo romano disociándolo, volándolo como la dinamita puesta dentro de un peñón. Las religiones orientales que oprimen desde hace siglos la periferia de la civilización mediterránea aprovechan la pérdida de fe en ella que el griego y el romano comienzan a sentir para inundar la cuenca del alma occidental, cargándose ellas de paso con el intelectualismo griego y el regimentalismo romano. Por eso, la religión oriental se va a convertir en ciencia, en *sofía*, y a la vez en organización de imperio, jerarquía y administración, es decir, en Iglesia. Se nivelan las diferencias entre pueblos y culturas. La vida se uniformiza de las Galias a la Mesopotamia. Es curioso que todas las crisis históricas se producen al iniciarse una época de uniformismo, en que todo es un poco todo y nada es resueltamente y sólo algo determinado. San Pablo es *civis romanus* y al mismo tiempo es un poco filósofo griego.

En cambio, ya Cicerón ha bebido el saber griego de labios de Posidonio, un sirio genial.

Me estoy refiriendo con todo esto a la primera mitad del siglo I. Cicerón nace en 106 y muere el año 46 antes de Cristo. Yo he querido sólo hacer notar que en esa época comienza la desesperación del hombre antiguo. Pero, claro está, esa desesperación, que es profunda realidad histórica, tiene su historia, sus etapas, sus altibajos. En este primer instante se entrevé que ya está ahí, en el subsuelo del hombre, que ya actúa. Pero el hombre que la lleva en sí, que la es, no la ve todavía, no la reconoce como tal. A lo sumo, la advierte en algún sector de su vida; desespera de esto o de aquello, pero no de sí mismo. El hombre sigue en pie detrás de sus desesperanzas; puede revolverse contra ellas, ensayar superarlas. El Imperio del siglo I —la época de los Antoninos— pareció que lo había logrado, y, en efecto, significó para muy amplios grupos sociales de la cuenca mediterránea una temporada de felicidad como acaso ni antes ni después la ha vuelto a gozar la especie humana. Tal vez, tal vez sólo algún período de la historia china puede compararse con esta hora de mediodía que el hombre antiguo gozó bajo Trajano, Adriano, Antonino Pío, Marco Aurelio. No es arbitrario llamar a esta centuria el siglo español; son españoles los emperadores que crean la nueva situación, y, además, ellos y toda la clase gobernante —que fue la burguesía más culta— habían sido educados por Séneca. La vieja cultura revive durante cuatro o cinco generaciones al calor de un nuevo estoicismo. Luego, de pronto, como para demostrar que esa etapa de felicidad fue, en efecto, maravillosa, es decir, un mucho irreal, equilibrio inestable, sin raíces ni cimientos hondos, vino, sin más y ya sin respiro ni pausa, el diluvio, la ruina del mundo antiguo. Fue, pues, el último intento de restaurar la confianza del hombre en la naturaleza —en definitiva, esto es lo que significa el estoicismo. Por eso, cuando al fin del Renacimiento comienzan a aclararse las cosas y a manar la nueva fe del hombre en sus dotes naturales, veremos que indefectiblemente retoña el estoicismo. Montaigne, Bruno son estoicos. Pero esta reacción contra el naufragio nos revela que antes ya el hombre se había sentido perdido, aunque no se lo confesase.

Cicerón tiene villas, libros preciosos, dinero, y, sobre todo esto, vanidad literaria y orgullo consular. Agarrado a todas estas pequeñas cosas puede cegarse para su latente desesperación. Hay quien se las arregla para alimentarse sólo de entremeses.

El judío también se sostiene por la soberbia de su tradición; no se renuncia tan fácilmente a la creencia de que se pertenece a un pueblo elegido, como en nuestro tiempo, y en un orden parcial, el pueblo francés, que durante tres siglos ha creído ser, acaso con razón, el pueblo donde se escribía mejor, es el que más ha tardado en convencerse de que ya no se puede vivir de la literatura. El fariseo se agarra a la ley que le mata. Sin embargo, no se olvide, es el hombre que desde siempre ha desesperado de sí; hasta el punto de que vive de la esperanza en otro, en el Mesías. Está en esta vida y en este mundo sin estar propiamente, como acontece a todo el que está aguardando algo, que donde verdaderamente está es ya, desde luego, en el futuro esperado. En este tiempo el aire de Jerusalén está encendido y como eléctrico de pura magia expectativa. La gente vive fuera de sí, en un mañana que se cree inminente. ¡Ya viene, ya viene! ¿Quién? El otro, el otro que puede más que nosotros porque lo puede todo, que nos completa, que nos salva: el Mesías instaurador del reino. Y vuelve a sonar con nuevo vigor la súplica urgente que ha sostenido durante milenios a este pueblo futurista: *marana za!* Señor nuestro, ven —expresión, por cierto, de donde vino en España llamar a los judíos conversos «marranos», es decir, los del *marana za!*

Mientras las clases superiores siguen entreteniéndose en gozar de las cosas que les quedan —vanidad, poder, lujo—, es decir, que ya no viven de verdad, de dentro afuera, sino de cosas externas que el destino les ha echado en las manos, como echamos un mendrugo a los animales por entre las rejas de la Casa de Fieras, en las clases inferiores comienza la fermentación.

Por vez primera, en el mundo antiguo tiene lugar una propaganda sobre las masas como tales. Desde las alturas de la sociedad se ve pulular en sus capas profundas una muchedumbre de hombres extraños, vestidos de sayal burdo, con una estaca en la mano y un morral al hombro, que reúnen a la gente popular y gritan delante de ella. No es fantasía mía: literalmente en las Homilías pseudoclementinas —δημοσίᾳ στάς ἐβόα λέγων «poniéndose ante el público lo dice a voces». ¿Quiénes son estos hombres? Vistos desde arriba, está perfectamente justificado que no se les diferencie porque, en efecto, muchos de sus caracteres externos y aun internos son comunes; esos propagandistas demagógicos son filósofos cínicos o semiestoicos; son sacerdotes de religiones orientales, y pronto, medio siglo más tarde, se nutrirá tan amplia fauna de los bajos fondos sociales con una casta nueva: los prosélitas cristianos. Todos ellos coinciden en el radicalismo de sus discursos: van contra la riqueza de los ricos, el orgullo de los poderosos; van contra los sabios, contra la cultura constituida, contra las complicaciones de todo orden. Según ellos, quien tiene más razón, quien vale más, es precisamente el que no sabe nada, el que no tiene nada, el sencillo, el pobre, el humilde, el profano.

Cuando hablemos de 1400 veremos que también entonces la crisis comienza con un fenómeno parecido. Sin otra diferencia que la del Renacimiento —ya lo he dicho— es en su sustancia mucho menos honda y total que la del mundo antiguo. Pero siempre, por una propensión mecánicamente dialéctica de la mente humana, cuando se desespera de una forma de vida, la primera solución que se ocurre, la más obvia, la más simple, es volver del revés todas las valoraciones. Si la riqueza no da la felicidad, la dará la pobreza; si la sabiduría no resuelve todo, entonces el verdadero saber será la ignorancia. (Paralelos del siglo XV: los «simples» y laicos de la *devotio moderna*, de la *Imitación de Cristo*, la «docta ignorancia» de Cusano, su encomio del idiota, es decir, del insipiente. *Elogio de la necedad*, de Erasmo. Último residuo en el siglo XVI, la *lode del'asino*, alabanza del asno, en Giordano Bruno). Si la ley y la institución no nos hacen felices, esperemos todo de la *injuria* y la violencia. (Desde el año 70 no se pueden celebrar normalmente elecciones ni asambleas en Roma porque César y sus amigos ricos han financiado la organización de grupos de asalto formados por gladiadores del circo y esclavos, por gentes no latinas, frigios, misios, griegos, judíos —casi ninguno de ellos efectivos ciudadanos. Esto último puede verse en el discurso de Cicerón *Pro Flacco*). En fin, una última reversión de valores, menos proclamada que las anteriores, pero que de hecho se produjo. Si los hombres no han acertado, atendamos a las mujeres. Y, en efecto, va a comenzar la intervención de la mujer en la vida pública, política e intelectual, se entiende religiosa.

Nada, a mi juicio, caracteriza mejor la situación en que va a prender el cristianismo como el hecho, antes subrayado, de que desde una cierta altura y a cierta distancia pudiesen confundirse los ajetreos del cínico y el prosélita cristiano. Quien desee informarse algo sobre el asunto puede ver el libro encantador de Eduardo Schwartz, titulado en su versión castellana *Figuras del Mundo Antiguo*[1]. Es un libro que en su aparente y grata sencillez enseña muchas, muchas cosas, y puede servir como ejemplo de la mejor filología.

Esta fácil dialéctica, puramente mecánica, que consiste en encontrar lo nuevo sin más que afirmar lo contrario de lo que parecía vigente —tan fácil, que está al alcance de todas las fortunas— prepara las almas elementales, y aun las superiores, para recibir la grande y auténtica innovación del cristianismo. Al paso, tómese nota de que la mente en los comienzos de una crisis toma la forma dialéctica. Ésta, que en su verdad es la cima del más sutil pensamiento, se vulgariza, como pasa en nuestros días. Pero vamos a lo que nos urge.

Al fracasar el intento de socialización del hombre que fue el Imperio romano, queda aquél desprendido de todo principio objetivo y público que le sea promesa de solución, que dé un sentido a su vida y le sirva de punto de apoyo.

---

1. Publicado en la Biblioteca de la Revista de Occidente, segunda edición. Madrid, 1942.

Porque con el Estado y sus formas sociales fracasa también la ciencia en cuanto instancia objetiva y pública a que poder referirse. Entonces el hombre se siente totalmente perdido, sin nada a que agarrarse, y recae en lo único que le queda. Cuando todo en derredor nos falla, caemos en la cuenta de que nada de eso era, en verdad, la auténtica realidad, lo importante, lo decisivo: la realidad que para cada cual queda bajo todas las demás aparentes es su vida individual. Vuelve entonces el hombre a ver ésta como lo que en rigor y en última instancia es —el problema individualísimo, intransferible del propio destino. Ésta es la disposición del hombre que lleva a la solución cristiana. No esto o lo otro es ya problema, sino la vida misma de la persona en su integridad. No es que tenga hambre, no es que padezca enfermedad o tiranía política, no es que ignore lo que son los astros. Ahora es el ser mismo del sujeto lo problemático. Y si la respuesta a aquellas deficiencias parciales se llama solución, la que hay que dar a este problema absoluto del ser personal se llama salvación —*sotería*.

La desesperación, en que la crisis consiste, lleva en una primera etapa a la exasperación, y la historia se llena de fenómenos exagerados, extremos con que el hombre procura embotarse, alcoholizarse. Luego viene nueva calma: se acepta y reconoce lealmente que no hay esperanza, que esperar algo de sí mismo es desconocer la propia realidad. He aquí cómo el hombre descubre su esencial nulidad. Y esto, precisamente esto, es la salvación según el cristianismo. En vez de creer que el hombre natural es por sí algo suficiente, que se sostiene a sí mismo, descubre que consiste en pura dependencia, que su ser, su sustento, su realidad y su verdad no están en él, sino fuera de su naturaleza, es decir, que padecía un error de perspectiva, que el asunto más importante para él, su vida, no era un asunto natural, no consistía en ir y venir sobre la tierra, comer o pasar hambre, sufrir o gozar, llorar o reír, ni siquiera pensar. Todo eso es mero antifaz, aspecto y *mise en scène* de su verdadero asunto vital, su vida sobrenatural, su cuestión con Dios. Todas las cuestiones intramundanas flotan como anécdotas en esta cuestión previa que el hombre tiene con Dios. Diríase que cuanto hacemos y nos pasa, en suma, «esta *vida*», está ahí sólo para ocultarnos como una máscara nuestra auténtica realidad, la que tenemos en lo absoluto, en Dios. De suerte que lo que parecía real —la naturaleza y nosotros como parte de ella— resulta ahora irreal, pura fantasmagoría, y lo que parecía irreal, nuestra preocupación por lo absoluto o Dios, eso es la verdadera realidad.

Esta paradoja, esta suma inversión de la perspectiva, es la base del cristianismo. Los problemas del hombre natural no tienen solución: vivir, estar en el mundo, es constitutiva e irremediable perdición. El hombre tiene que ser salvado por lo sobrenatural. Esta vida no se cura sino con la otra. Lo único que el hombre puede hacer con sus propias fuerzas es negativo —negarse y negar el mundo, retraer de sí y de las cosas su atención y así, aligerado de peso terrenal, ser sorbido por Dios.

Esto es lo esencial para la estructura de la vida medieval. Porque trae consigo la radical tendencia a desentenderse del mundo natural. Para el griego y el romano, la existencia era el problema de las relaciones entre el hombre y la naturaleza circundante —visible o invisible. Mas ahora el mundo es propiamente ultramundo y sobrenaturaleza. El hombre se queda, por lo pronto, sólo con Dios.

Conviene, señores, recordar que el hombre una vez —una vez que ha durado muchos siglos— estuvo en esta creencia cristiana y su vivir tomó el aspecto de una faena sobrenatural. La Edad Moderna —Galileo, Descartes— nos ha retrotraído a la naturaleza, y nos cuesta trabajo repensar aquel modo de vida que consiste en vivir desde Dios. Como a los griegos, nos sabe, por lo pronto, a paradoja.

Pero San Pablo tiene plena conciencia del frenético paradojismo, del radicalismo subversivo que llevaba en sí la idea cristiana. No predicaba la buena nueva como una cosa razonable. En sazón de crisis, predicar cosas razonables es gana de perder la partida. No: la predica y recomienda precisamente porque tiene todo el aire de una locura y de un absurdo. No es invención mía, no es que yo lo colija, sino que San Pablo es... un extremista. En la epístola primera a los corintios leemos: «Porque la palabra de la cruz, a la verdad, locura es para los que perecen: mas para los que se salvan, esto es, para nosotros, es virtud de Dios». Oigan ustedes cómo este hombre vuelve el mundo del revés: «Porque escrito está: Destruiré la sabiduría de los sabios y desecharé la prudencia de los prudentes.

»¿En dónde está el sabio? ¿En dónde el escriba? ¿En dónde el escudriñador de este siglo? ¿No hizo Dios loco el saber de este mundo?

»Y así, por cuanto en la sabiduría de Dios no conoció el mundo a Dios, por la sabiduría, quiso Dios hacer salvos a los que creyesen en él, por la locura de la predicación.

»Puesto que los judíos piden milagros y los griegos buscan sabiduría.

»Mas nosotros predicamos a Cristo crucificado, que es escándalo para los judíos y locura para los gentiles;

»Mas para los que han sido llamados, tanto judíos como griegos, predicamos a Cristo, virtud de Dios y sabiduría de Dios:

»Pues lo que parece loco en Dios es más sabio que los hombres, y lo que parece flaco en Dios es más fuerte que los hombres.

»Y así, hermanos, ved vuestra vocación, que no sois muchos sabios según la carne, no muchos poderosos, no muchos nobles.

»Mas las cosas locas del mundo escogió Dios para confundir a los sabios, y las cosas flacas del mundo escogió Dios para confundir las fuertes;

»Y las cosas viles y despreciables del mundo escogió Dios, y aquéllas que no son, para destruir las que son:

»Para que ningún hombre se jacte delante de él.

»Para que, como está escrito: El que se gloría, glóriese en el Señor».

Conviene, conviene de cuando en cuando recordar el pasado —recordar que se han dicho estas cosas. Un alto burgués del Imperio que oyera leer estos gritos manuscritos de San Pablo, ¿qué pensaría? Que era un poco subversivo, ¿no es cierto? Y, sin embargo, eso que predicaba —el cristianismo— fue luego, según la frase tópica, el más firme sostén de la sociedad.

LECCIÓN IX

SOBRE EL EXTREMISMO COMO FORMA DE VIDA

He dicho que en la estructura de la vida medieval el estrato básico es el cristianismo y que, a su vez, el estrato básico del cristianismo es el reconocimiento de la nulidad del hombre y la naturaleza. Este reconocimiento fue hecho posible porque la existencia mediterránea había caído de una situación satisfactoria en una situación desesperada. Me interesa que se entienda bien lo que quiero decir al hablar de desesperación, porque no se trata de una fórmula vaga ni designa psicológicamente un sentimiento, sino que ella define con todo rigor una forma de vida. Es evidente que el hombre puede llegar a encontrarse en una situación tal que al tener que hacer algo para vivir —ya sabemos que vivir es tener que hacer algo— no se le ocurre ningún quehacer que le parezca satisfactorio, a nada que parezca suficiente le incitan las cosas de su horizonte material y social ni las ideas de su horizonte intelectual. Seguirá haciendo esto o lo otro, pero lo hará como un autómata, sin solidarizarse con sus actos, que considera nulos, inválidos, sin sentido. Surge entonces un asco indominable al mundo y al vivir, que se presenta con carácter puramente negativo. Y, en efecto, antes de que naciese el cristianismo, y sobre todo, antes de que lo hiciesen los cristianos, muchos hombres se retiraron del mundo a los desiertos, a la soledad. La solución que este retiro proporcionaba era sólo aproximada. Pero intentaban resolver el problema de vivir, es decir, de tratar con las cosas y con los prójimos reduciendo este trato al mínimum. Importa, sin embargo, hacer constar que esta huida del mundo y este asco al vivir no son un descubrimiento cristiano, sino al revés, porque los hombres se retiraban del mundo fue encontrada la solución cristiana, porque lo natural asqueaba se *buscó* lo sobrenatural.

Esta retirada del hombre a un rincón del mundo es un símbolo exacto de la desesperación en su primera etapa. Significa que el hombre, en efecto, reduce el mundo y la vida a rincón, a una sola partícula de lo que antes eran. Es, por lo pronto, la simplificación como método para reobrar ante la desesperación y el perdimiento en la excesiva riqueza de la vida —los muchos saberes y ninguno suficiente, los muchos apetitos y placeres posibles, pero ninguno plenario, el demasiado amontonamiento de quehaceres forzosos, pero ninguno con sentido absoluto, satisfactorio.

Lo malo es que el verdaderamente desesperado, aunque no se lo confiese desde luego, ve que el carácter de negatividad se extiende a todo el ámbito de la vida, de suerte que, en rigor, no hay dentro de ésta un solo punto donde el hombre pueda hacerse firme.

Siento mucho no tener tiempo para hacer ahora una morfología de las figuras que toma la vida cuando es vivida como desesperación. Son muchas y algunas, en su primer aspecto, contradictorias entre sí. Pero necesito decir algo sobre el asunto, porque sólo así se puede entender bien el origen del cristianismo y no pocos fenómenos tanto del siglo XV como de nuestro presente. Mas he de hacer, ante todo, la taxativa advertencia de que yo no he dicho antes ni digo ahora que nuestra época sea de constitutiva desesperación. He dicho que es de desorientación –nada más. Ahora bien, es evidente que el desorientado y sólo desorientado espera orientarse. Ésta es, creo yo, la situación en que están hoy los hombres cultos de todo el mundo y en que están ustedes oyéndome, aunque el tema de mi curso no pretende proporcionarles la orientación que buscan, sino que se propone una cuestión determinada del pasado. Cierto que sirve como preparación inexcusable para otros cursos posibles en que acaso pretendiera de lleno y a fondo llevar a ustedes una orientación firme. Pero conste que yo percibo exactamente que muchos de ustedes no han venido aquí como se suele ir a una lección científica, sino movidos por un anhelo más profundo, concreto y auténtico: han venido por ver si conseguían orientarse un poco. Y yo he deformado mi curso en la medida permisible para que, en efecto, encuentren en él algo, aunque muy poco, de lo que buscan.

Digo, pues, que el que sólo está desorientado, espera orientarse. Mas en cuanto desorientado y aún no reorientado, está desesperado. Hay, pues, en su situación un ingrediente de desesperación, bien que sólo accidental y secundaria —no substancial y constitutiva. Pues bien, basta con esa accidental semejanza entre el desesperado y el desorientado para que se produzcan toda una serie de fenómenos, de modos vitales similares en uno y en otro. Con esto, creo yo, queda precisada la dosis de coincidencia y de discrepancia entre aquella época de un lado y el siglo XV y la nuestra de otro. Conste así.

Y ahora vuelvo a aquella sazón del hombre en el siglo I antes y después de Jesucristo.

La situación en que el hombre desespera de la totalidad de su vida pertenece a una clase que llamaremos «situaciones extremas», porque en ellas el hombre no encuentra ante sí una pluralidad de salidas, sino que está, como suele decirse, entre la espada y la pared.

Sintiendo el carácter negativo, nulo de su existencia intenta primero reaccionar o resolver su situación retirándose a un rincón de ella en la cual pretende hacerse firme, es decir, al cual rincón pretende afirmar. Inmediatamente caen ustedes en la cuenta de que es una solución falsa. Porque él parte, confesándoselo o no, de una desesperación integral. Si ahora le vemos afirmar un rincón o punto del área vital, debemos recelar que no es últimamente sincero. Sin embargo, él intenta esta solución, a ver qué pasa, a la desesperada, a la exasperada. Ya les dije que la desesperación se presenta primero como exasperación. El hombre niega toda su vida menos un punto, el cual, así aislado, queda exagerado, exacerbado, exasperado. Se pretende que la vida consista sólo en eso, que sólo eso es lo importante y lo demás nulo. Fíjense en esto porque dentro de un momento va a aclararnos muchas cosas.

Pero es indudable que, por lo pronto, este retraimiento a un solo punto le descarga de todo el resto vano de su vida, se la simplifica. El cínico, el cristiano, el terapeuta, el mismo estoico, el cesarista, coinciden en pedir simplificación, como los «Hermanos de la vida común» o *devotio moderna* en 1400, como Tomás de Kempis, como Cusano, como Erasmo, como los Reyes Católicos frente al caos de la multiplicidad semi-feudal —¡sí, ya veremos por qué!— como Lutero, como Montaigne, como Galileo, en fin, como el genio de la simplificación, como la simplificación hecha hombre —quiero decir, como Descartes— que no se contenta con pedirla sino que la da, la logra y, por eso, cierra el proceso e instala al hombre en un nuevo mundo sencillo, claro y firme —cuya firmeza está hecha precisamente de simplicidad y claridad. Su método se reduce a esto: la idea simple es la clara y distinta y, viceversa, lo claro y distinto, esto es, lo seguro es lo simple.

El hombre perdido en la complicación aspira a salvarse en la sencillez. Nudificación universal. Toque general a prescindir de, a retirarse, a negar toda riqueza, complejidad y abundancia. El presente y su inmediato pasado aparecen como agobiantes por su excesiva vegetación de posibilidades. Se pueden pensar demasiados pensamientos, desear demasiadas cosas, seguir demasiados tipos de vida diferente. La vida es perplejidad y cuantas más posibilidades, más perplejo, más angustiosamente perplejo el hombre. No, no: en el pequeño patio de la humilde morada oriental, casi andaluza, óyese elevarse la voz clara de fuente de Jesús, que dice: «En verdad, en verdad os digo que una sola cosa es necesaria». Jesús es, por lo pronto, un extremo simplificador. San Pablo va a sacar las consecuencias: la ley es un indominable intrincamiento, se pierde el hombre en ella. ¡Fuera la ley! La nueva alianza es la sola cosa necesaria:

la fe —basta con la fe. Y conste que con esto no hago luterano a San Pablo. Cuando dice que sólo la fe salva, claro está que lo que subdice es que la ley y las obras conforme a la vieja ley no salvan. Pero no excluye la necesidad de las obras para salvarse, se entiende de las obras que brotan de la fe, no las de la ley —las obras que caen del hombre creyente como los frutos del árbol que ha prendido en el huerto.

Podía seguir hablando largamente sobre la simplificación como método de salvarse el hombre en la crisis de cultura, es decir, en la crisis producida por la misma abundancia. Pero tengo que renunciar: también yo ahora tengo que prescindir, que simplificar. Añado sólo, escuetamente, estas tres notas:

1.ª Al aparecer la vida presente, me refiero a la del siglo I o a la del siglo XV —es decir, la cultura presente y su inmediato pretérito— como lo odiosamente complicado, el ansia de simplicidad empuja mecánicamente al hombre a soñar con la vida de antes, la arcaica, la inicial o primitiva; es decir, la anterior a la complicación. De aquí un afán de retorno a lo prístino, de aquí la vida como una nostalgia de la vida primitiva, como un «volver a», como un volver de la cultura complicada a la cultura simple y aun de toda cultura a lo que hay antes, a la nuda natura. Ya veremos cómo éste es uno de los impulsos del Renacimiento, su impulso hacia atrás. Por no haber visto esto no se ha entendido lo que históricamente fue la vuelta a los antiguos. Uno de los lemas del Renacimiento que es, si alguno ha habido, un movimiento hacia el futuro, fue sin embargo, éste: *Philosophia duce, regredimur.*

2.ª La simplificación es, sin duda, lo más positivo que engendra la desesperación o su parienta la desorientación.

De 1400 a 1600 corre un proceso sustantivo de simplificación de la vida. Hoy se ha iniciado también. El que hoy va
por la calle sin sombrero no sospecha ni de lejos que en ese
acto vulgar, tan trivial, tan material no hace sino cumplir
dócilmente la ley del tiempo: prescindir. Y yéndonos al
otro cabo, a lo más alto, cuando en *Misión de la Universidad*
yo considero como inexcusable para salvar la ciencia su
simplificación, no hago sino en plano más grave lo que el
que va sin sombrero por la calle.

3.ª No se olvide que el afán de simplificación surge como
reacción a la excesiva complicación. Fácilmente toda «reacción a» se convierte en «reacción contra», que va movida
por feas pasiones, por la envidia, el odio, el resentimiento.
Diógenes el cínico, antes de entrar en la elegante mansión
de Aristipo, su compañero de escuela bajo Sócrates, se en-
sucia los pies en barro concienzudamente para patear luego los tapices de Aristipo. Aquí no se trata de sustituir la
complicación del tapiz por la sencillez del barro, sino de
destruir el tapiz por odio a él.

Y ahora, dejando la simplificación en general, vamos a
analizar una de sus manifestaciones más curiosas.

Antes el hombre vivía aceptando con cierta satisfacción
la totalidad de su vida. Ésta evidentemente se compone de
muchas dimensiones, asuntos, cosas con que hay que contar. Y una cultura no es sino la fórmula armónica que logra
hacer frente a todas o casi todas ellas. Las dimensiones de
la vida, los asuntos que nos plantea no toleran ser desaten-
didos porque son inexorables realidades. Sólo es, pues, auténtica y estable una solución vital que integre todas ellas.
La cultura es, en efecto, una faena de integración y una voluntad de aceptar lealmente todo lo que, queramos o no,

está ahí constituyendo nuestra existencia. Pero he aquí que el hombre desespera de esa cultura y siente asco hacia la integridad de una vida que le parece pura nulidad. Mas como tiene que vivir de algo, se produce en él un fenómeno muy extraño. Cuanto más central, más serio y más representativo de la integración que era su vida anterior sea algo, más asco y más odio sentirá hacia ello y más nulo le parecerá. Este odio y este asco irán decreciendo conforme el asunto sea menos central, más periférico y, por tanto, menos atendido estaba en aquella fórmula de integración. Negando todo lo demás, el hombre se agarrará a una de estas cuestiones periféricas, a este rincón de la realidad y decidirá hacer de ello y sólo de ello su vida toda. Declarará que sólo eso es importante, que todo lo demás es despreciable. Es decir, que el hombre se va del centro de la vida a alguno de sus extremos negando el resto. Al impulso de integración que es la cultura sucede un impulso de exclusión. He aquí en qué sentido formal e inevitable la desesperación se hace extremismo. Extremismo es el modo de vida en que se intenta vivir sólo de un extremo del área vital, de una cuestión o dimensión o tema esencialmente periférico. Se afirma frenéticamente un rincón y se niega el resto.

Aclaremos esto con algún ejemplo de nuestros días. Entre las cuestiones inexorables de la existencia humana es, sin disputa, una la justicia social. Es una, sin disputa, pero, sin disputa, es sólo una. Hay muchas, muchísimas más. La cultura moderna, como no podía menos, la ha atendido, pero es discutible que la haya atendido debidamente. Pongamos que no: ello significaría que en la jerarquía de la atención corresponde a la justicia social un puesto menos periférico y que conviene hacer esta corrección en la perspectiva. Mas he aquí que algunos hombres desesperados resuelven que no hay más cuestión que ésa, por lo menos, que ésa es la decisiva, la más importante, la sola cosa necesaria, lo único que debe ocuparnos y que todo lo demás tiene que supeditarse, amoldarse a ella y si no se amolda y supedita tiene que ser negado. Tan sin disputa como es una cuestión, parece forzoso decir que, sin disputa auténtica posible, no es, ni muchísimo menos, la cuestión central de la vida. Es más, probablemente no se ha atendido hasta ahora con mayor esmero a la justicia social, porque el hombre, aun poniendo su mejor voluntad, no puede mucho para lograrla, para organizarla, como no puede mucho para resolver un problema harto más importante que ése: el de la vida orgánica, el biológico, el del dolor y la muerte, o la terrible injusticia cósmica de las desigualdades corporales y psíquicas entre los humanos.

El hombre, pues, que se retrae a esa sola cuestión la exagera, exacerba y exaspera, la saca de quicio, es decir, de su lugar, renuncia a aceptar auténticamente la vida según es y, por una ficción íntima que le inspira su desesperación, la reduce a un extremo, se instala en él y hace extremismo. Y desde él combatirá el resto enorme de lo humano, negará la ciencia, la moral, el orden, la verdad, etcétera, etcétera. Ahora bien, parece bastante discutible que ésa o cualquiera otra posición extrema se pueda adoptar con efectiva autenticidad —en el mismo sentido en que es discutible si alguien puede en serio pensar que dos y dos son cinco. No estamos obligados a creerle aunque nos jure y perjure que es sincero ni aunque se deje matar por ello. El hombre se deja matar muchas veces por sostener su propia ficción. El hombre tiene una capacidad de histrionismo que llega al heroísmo. Es más: reina en ocasiones un lugar común de heroísmo no sólo verbal, sino actuante, que es la forma peculiar de histrionismo dominante en la época.

Las épocas de desesperación abren, por lo pronto, un amplio margen a todas las íntimas ficciones y al gran histrionismo histórico. Como los demás hombres han perdido también la confianza en su cultura y todo entusiasmo hacia ella, están como en el aire y son incapaces de oponerse al que afirma algo, al que se hace firme en algo —de verdad o de boquilla. De aquí que sean épocas en que basta con dar un grito, por arbitrario que sea su contenido, para que todo el mundo se entregue. Son épocas de *chantage* histórico.

Otro ejemplo. Entre las realidades de nuestra vida una que, sin duda, entrevemos aunque no la vemos claramente es la raza. Digo lo mismo que antes: en el mejor caso es una realidad, pero en ningún caso es ni toda ni la fundamental. Por eso, desde hace algunos milenios no se la atiende mucho. Sin embargo, en época de crisis, de exasperación, se puede reducir a ella todos los problemas de la vida colectiva y, en nombre de ella, arrojar de las cátedras a hombres nobilísimos. Cuanto más absurdo y más extremo sea el extremismo, más probabilidades tiene de imponerse pasajeramente. Recuérdese que San Pablo daba a su fe deliberadamente un perfil de absurdidad y de locura, para hacerla más atractiva a los exasperados de su tiempo. En 1450, nada menos que el Cardenal Cusano proclamaba que la verdad razonable del hombre es constitutivamente lo que no es verdad —en cambio, la verdad de Dios, la verdad absoluta se caracteriza por el absurdo. En rigor el *credo quia absurdum* resuena siempre en el fondo visceral del cristianismo.

Como ven ustedes, la situación extrema al consistir en que el hombre no halla solución en la perspectiva normal le hace buscar un escape en lo distante, excéntrico, extremo que antes pareció menos atendido. Por el pronto, no importa qué sea esto: su elección es arbitraria. No se le afirma por lo *que es*, sino mecánicamente porque *no es* lo consagrado, lo usado, diríamos lo «burgués». El extremismo es, por lo pronto, un truco vital de orden inferior. Hemos visto que hoy unos extremizan la idea de justicia social y otros la idea de raza como un tercero o un cuarto podían afianzarse en cualquiera otra cosa con tal que sea arbitraria y poco o nada razonable. Es esencial al extremismo la sinrazón. Querer ser razonable es ya renunciar al extremismo.

Todos ustedes saben por las epístolas de San Pablo que en las primeras asambleas cristianas se reunían los creyentes para buscar la verdad, pero esta verdad creían encontrarla precisamente en lo extrarracional. Algunos de los presentes, cayendo en paroxismo y frenesí, comenzaban a pronunciar palabras sin sentido, que luego otros se encargaban de interpretar. A esto se llamó el don de hablar lenguas y eso, precisamente ese arrebato demencial, se consideraba divina inspiración. No es para contar aquí cómo San Pablo, que había si no iniciado, por lo menos usado largamente y favorecido este frenesí, luchó luego enérgicamente para irlo eliminando.

Parejamente, hace ya no pocos años advertía yo que el hombre había perdido su fe en el arte y que las dos generaciones últimas —por tanto, no ustedes los jóvenes, que son la generación de mañana— tomaron la actitud exasperada de hacer arte con lo que el arte había siempre dejado fuera por inservible, con la última periferia de la vida humana en que ésta confina con la pura imbecilidad —a saber, con los sueños, con los retruécanos y la ecolalia, con la demencia, con las inversiones sexuales, con la puerilidad, con la arbitrariedad como tal. Ya entonces califiqué este arte como *l'art de raccommoder les restes*, como arte de arreglarse con lo que queda, con el residuo y el detritus.

El hombre desesperado de la cultura se revuelve contra ella y declara caducadas, abolidas sus leyes y sus normas. El hombre-masa que en estas épocas toma la dirección de la vida se siente profundamente halagado, porque la cultura que es, ante todo, un imperativo de autenticidad, le pesa demasiado, y ve en aquella abolición un permiso para echar los pies por alto, ponerse fuera de sí y entregarse al libertinaje.

Hablando de Simón Mago y su movimiento religioso, dice en el libro *Origen y comienzos del cristianismo* el más grande historiador de estos últimos treinta años, Eduardo Meyer: «El combate de San Pablo contra la ley llevó en muchas de las sectas que inmediatamente brotaron al más grosero libertinaje y a un completo desorden moral. En el movimiento de Simón aconteció esto naturalmente en grado sumo». III, 285.

La situación extrema que inunda al hombre de azoramiento, que le desequilibra y desorienta, lleva con igual facilidad a lo mejor y a lo peor y por lo pronto no se puede distinguir lo uno de lo otro. Es natural: la vida se ha hecho ella misma equívoca y son tiempos de inautenticidad. Recuérdese que el origen de la crisis es precisamente haberse el hombre perdido porque ha perdido contacto consigo mismo. De aquí que pulule en tales épocas una fauna humana sumamente equívoca y abunden los farsantes, los histriones y lo que es más doloroso, que no se pueda estar cierto de si un hombre es o no sincero. Son tiempos turbios. En el XV se mueven Agrippa, Paracelso, Savonarola. ¿Qué son estos hombres? ¿Embaucadores, taimados o sabios auténticos y héroes?

Lo probable es que fueran lo uno y lo otro y no por casualidad o peculiar defecto personal. Es que la estructura de la vida desorientada no permite posiciones firmes y estables en que el hombre, de una vez para siempre, encaja consigo. Se está —ya lo dije— en la divisoria de dos mundos, de dos formas de vida y el individuo va y viene de la una a la otra. De aquí las contradicciones de los hombres propiamente renacentistas: hoy son paganos, naturalistas; mañana vuelven a ser cristianos. Nada más frecuente en aquel tiempo que biografías divididas por la mitad en una primera etapa libertina o mundanal y una segunda de ascetismo en que reniegan de la primera. Así Boticelli, así el que, para mi gusto, representa mejor la época, el encantador Pico della Mirandola: comienzan en un *crescendo* de terreno alborozo y acaban, Pico aún joven, en la tristeza y la desolación. La vida se halla en equilibrio inestable: *piétine sur place*. El propio Ficino, uno de los hombres más serios del Renacimiento, no resiste a las angustias de una enfermedad. Hace un voto a la Virgen, sana y, en vista de ello, reconoce en el caso un signo divino que le hace ver cómo la filosofía no basta para salvar el alma: arroja al fuego su comentario de Lucrecio y decide dedicar toda su labor al servicio de la religión[1]. Estamos en medio del siglo XV. Pero antes los iniciadores heroicos del humanismo habían sido parejos.

1. Cassirer: *Individuum und Kosmos*. 66, 1927.

Coluccio Salutati —nacido en 1331— alardea de estoicismo, es decir, de irreligión, pero se muere su mujer y se retrae a la fe. Pasa el dolor y vuelve a hacer frases estoicas. Lo propio le acontece con la astrología. En general, entre los humanistas propiamente tales predominaba la falta de vergüenza. Estúdiense, por ejemplo, para no hablar de los más conocidos, los que llevaron el clasicismo a Francia —Girolamo Balbi, Cornelio Vitelli y Fausto Andrelini— en el libro de Renaudet, *Préréforme et humanisme à Paris*, 1916.

El anticipador de la crisis, el primero que la siente —ya en la primera mitad del siglo XIV— es Petrarca. En él están ya todos los síntomas que luego van a hacerse mostrencos. Es un desesperado en quien, de pronto, brotan arbitrarios entusiasmos. Sus gestos de melancolía —de *accidia*— como él la llamaba, recuerdan a Chateaubriand. *Sento sempre nel mio core un che d'insodisfatto*. Con plena conciencia nos dice de sí las mismas palabras con que yo calificaba en general las épocas de crisis: «Me encuentro colocado en los confines de dos pueblos diferentes, desde donde veo a la vez el pasado y el porvenir». Por lo mismo se pasa la vida indeciso, yendo y viniendo del uno al otro: *ora guarda davanti, ora guarda addietro*.

Constituido este modo de la vida por semejante inestabilidad, extremismo y dialéctica, será sumamente frecuente ese vuelco integral y subitáneo que se llama conversión. La conversión es el cambio del hombre, no de una idea a otra, sino de una perspectiva total a la opuesta: la vida, de pronto, nos aparece vuelta del revés. Lo que ayer quemábamos, hoy lo adoramos. Por eso —es la palabra de Juan Bautista, de Jesús, de San Pablo: *metanoeite*— convertíos, arrepentíos, es decir, negad todo lo que erais hasta este momento y afirmad vuestra verdad, reconoced que estáis perdidos. De esa negación sale el hombre nuevo que hay que construir. San Pablo usa una y otra vez este término: construcción, edificación —*oikodomé*. Del hombre en ruina y hecho puro escombro hay que rehacer un nuevo edificio. Pero la condición previa es que abandone las posiciones falsas en que está y venga a sí mismo, vuelva a su íntima verdad, que es el único terreno firme: esto es la conversión. En ella el hombre perdido de sí mismo se encuentra de pronto con que se ha hallado, con que coincide consigo y está por completo en su verdad. La *metánoia* o conversión y arrepentimiento no es, por lo pronto, sino lo que yo he llamado «ensimismamiento», volver a sí. A quien interese este punto, le sugiero que vea en la Epístola a los Corintios, I, 6, 5, y 15, 24, lo que significa la palabra *entropé*.

En este punto, tiene plena razón San Pablo. Y no hay duda que esa voz «convertíos» o como yo prefiero decir «ensimismaos», buscad vuestro verdadero yo, es la que hoy otra vez urgiría dar a los hombres —sobre todo a los jóvenes. (Hay demasiadas probabilidades para que la generación que ahora me escucha se deje arrebatar como las anteriores de aquí y de otros países por el vano vendaval de algún extremismo, es decir, de algo sustancialmente falso). Esas generaciones, temo que todavía la vuestra, pedían que se les engañase —no estaban dispuestas a entregarse sino a algo falso. Y revelando en la tranquilidad de esta aula un secreto, diré que a ese temor obedece en buena parte mi parálisis en órdenes de la vida no universitarios ni científicos. No se me oculta que podría tener a casi toda la juventud española en veinticuatro horas, como un solo hombre, detrás de mí; bastaría que pronunciase una sola palabra. Pero esa palabra sería falsa y no estoy dispuesto a invitaros a que falsifiquéis vuestras vidas. Sé y vosotros lo sabréis dentro de no muchos años, que todos los movimientos característicos de este momento son históricamente falsos y van a un terrible fracaso. Hubo un tiempo en que la repulsa del extremismo suponía inevitablemente que se era un conservador. Pero hoy ya aparece claro que no es así, porque se ha visto que el extremismo es indiferentemente avanzado o reaccionario. Mi repulsa de él no procede de que yo sea conservador, que no lo soy, sino de que he descubierto en él un sustantivo fraude vital.

Prefiero, pues, esperar a que se presente la primera generación auténtica. Si, por azar, fueseis vosotros, tendría que esperar poco.

Todo extremismo fracasa inevitablemente porque consiste en excluir, en negar menos un punto todo el resto de la realidad vital. Pero este resto, como no deja de ser real porque lo neguemos, vuelve, vuelve siempre y se nos impone queramos o no. La historia de todo extremismo es de una monotonía verdaderamente triste: consiste en tener que ir pactando con todo lo que había pretendido eliminar.

Esto aconteció con el cristianismo. Porque fuera inútil pretender, con eufemismos, ocultarlo: el cristianismo, en su iniciación y en sus formas más rigorosas, es un extremismo. Es más, sólo se puede entender su génesis cuando se ha entendido el modo vital del extremismo. Entre otras razones, por ésta me he detenido en su análisis. También el cristianismo consiste en destacar y aislar una sola dimensión de la vida que el hombre antiguo había más o menos desatendido. Mas si reparamos en cuál es esa dimensión, pronto advertimos que tiene caracteres peculiares, en cierto modo únicos, que la colocan fuera de concurso y explican que sólo este extremismo cristiano llegase a prender y no digo a triunfar, porque triunfar, verdaderamente triunfar no es posible a ningún extremismo sino en la medida en que va dejando de serlo. Así en este caso.

El cristiano empieza ya por diferenciarse de todos los demás desesperados de su tiempo en que es más radical que todos ellos y el único consecuente con su desesperación. Me explicaré.

¿Cuál es la perspectiva en que el hombre suele vivir? Hace un rato, como en todos los ratos de todos los días, inexorablemente, se han encontrado ustedes con que tenían que hacer algo, porque eso es vivir. Ante ustedes se abrían diversas posibilidades de hacer, por tanto, de ser en el futuro. Podían ustedes ir a tal o cual sitio o no ir a ninguno, sino quedarse. Quedarse es tan hacer como su contrario. Ello es que de esas posibilidades han elegido ustedes una: venir a esta lección, dedicar o llenar un trozo insustituible y ya irremediable de su vida a ser mis oyentes. Pero esto lo han decidido ustedes por algo y para algo. Más de una vez les he indicado que podría enunciar los diferentes tipos de motivos en vista de los cuales, por los cuales están ustedes ahí. Acaso les sorprendiera un poco advertir que yo sé una porción de secretos de ustedes, de secretos que no han dicho a nadie. Alguna vez quisiera hacer una conferencia que se titulase: ¿Por qué están ustedes ahí? Pero ahora no hay tiempo. Sean cuales fueren los motivos que les han movido, siempre consistirán en que han decidido ustedes hacer esto ahora —venir aquí, ser mis oyentes— porque piensan mañana hacer y ser tal otra cosa y esto, a su vez, porque para pasado mañana u otro día, premeditan otro hacer y otro ser, y así sucesivamente, con más o menos claridad y precisión, han anticipado ustedes para decidir lo que iban a hacer esta tarde la línea entera de su vida tal y como hoy se presenta ante ustedes. Por eso, porque tenía sentido como eslabón en la cadena de su vida integral, han decidido este hacer que es oírme ahora. Queramos o no, decidir un acto implica para el hombre hallar la justificación de él ante su propio espíritu y esta justificación consiste en ver que este acto nuestro es un buen medio para lograr otro que aparece como fin de aquél, pero este otro, a su vez, es medio para otro, y así hasta el último que podemos anticipar. Ésta es la perspectiva en que solemos vivir: cada acción nuestra queda justificada por la serie de acciones que presumimos van a componer toda nuestra vida. Buscamos una justificación interior a la vida.

Pero más de una vez nos hemos sorprendido pensando lo siguiente: yo hago esto y aquello y lo de más allá para vivir, pero este vivir mío, tomado en su integridad, desde el nacer hasta el morir, ¿tiene algún sentido? De nada vale la justificación relativa que en relación unos con otros puedan tener los actos de mi vida si el hecho total de vivir no la tiene. Sería preciso que algo de lo que hacemos al vivir tenga un valor absoluto. Ahora bien, nada hay en el interior de nuestra vida que parezca plenamente satisfactorio y por sí mismo se justifique. Nuestra existencia es en sí misma un vacío de sentido, una extraña realidad que consiste en ser algo que, en definitiva, es nada, es la nada siendo, es la pretensión de algo positivo que se queda en pura pretensión fallida. Si en su conjunto y totalidad carece de sentido el vivir, es decir, que se vive para nada, todas las justificaciones interiores a mi vida que hallo para sus actos son un error de perspectiva. Se impone un cambio radical en ésta, se impone otra perspectiva.

Es evidente que esta nueva perspectiva sólo puede adoptarla quien se ha desinteresado de la trama interior del vivir, quien idealmente se ha apartado de los asuntos vitales y mira a vista de pájaro y como lejos de sí su enjambre y pululación; en suma, quien se ha ido tan al extremo de la existencia que resueltamente se ha salido de ella. Ahora bien: a todos nos ha acontecido una y otra vez plantearnos esta pregunta y adoptar esta perspectiva. Pensar eso, pensar si la vida tiene, en definitiva, sentido o no, es una de las muchas cosas que podemos hacer y que, en efecto, hemos hecho todos algunas veces. Pero no nos hemos instalado definitivamente en ese pensamiento, no hemos vivido *de* ese pensamiento. Al contrario: la vida nos requería con sus placeres, con sus atractivos, con sus incitaciones de toda clase, y hemos preferido ocuparnos de su, por lo menos, aparente riqueza interior, usar la otra perspectiva, la intravital, a vivir exclusivamente de aquella preocupación sobre el valor total de la vida.

Eso nosotros, porque no estamos verdaderamente desesperados. Las cosas de la vida aún nos entretienen, nos distraen. Pero un desesperado de los asuntos intravitales, de todo lo que integra la trama de la vida, si es consecuente consigo, tenderá a colocarse siempre en esa dimensión que consiste en percibir la falta de sentido que la vida en conjunto tiene. Será, pues, un típico extremista. De lo que sólo es un pensamiento entre muchos harán su único pensamiento; si ustedes quieren, su obsesión. Pero se reconocerá que, a diferencia de los otros, este extremismo no se hace firme arbitrariamente en un punto de la vida, sino que, al revés, se afirma en la negación misma de su totalidad. E *ipso facto* esta negación se convierte en lo más positivo. El hombre desesperado cae en la cuenta de que esto —desesperar— no es algo que le pasa, pero que podía no pasarle, y de que puede librarse si le pasa, sino que es su ser mismo, su naturaleza. Esta vida, en su sustancia misma, no es sino desesperación. El hombre es una realidad que no puede valerse a sí misma; no está en su propia mano, no se sostiene a sí mismo. Desesperar es sentir que somos constitutiva impotencia, que dependemos en todo de algo distinto de nosotros.

La perspectiva en que solemos movernos nos hace creer que el hombre con la naturaleza en torno se basta para que su vida sea algo positivo. Éste es el error radical de que hay que curarse —la definición misma del pecado que da San Agustín en la *Ciudad de Dios*; *sibi quodam modo fieri atque esse principium*—: creer que es principio de su ser y de su hacer; en suma, hacerse ilusiones respecto a sí. Para el cristiano, el hombre confiado en sí, que aún espera algo de sí, es el esencial pecador.

En cambio, el hombre está en su verdad cuando reconoce que no puede con sentido vivir desde sí mismo, cuando descubre su radical dependencia —y poniéndose íntegro en manos del poder superior, de Dios, se dispone a vivir desde Él. Por ejemplo: el hombre procura hallar la verdad con su razón. ¡Vano empeño! La verdad sólo se encuentra cuando el hombre se declara incapaz de ella y se dispone no a buscarla él, sino a recibirla por revelación. En la revelación, el hombre no pone más que su buen deseo; lo demás lo pone Dios. Y así en todo lo demás: el hombre, al reconocerse como lo que es —nada—, hace de sí un vacío que Dios llena al punto. Es lo mismo que acontece siempre que reconocemos un error. Antes, mientras estábamos en el error, creíamos tener algo positivo; ahora vemos que era un error, por tanto, algo negativo; pero este descubrimiento, al ser la pura verdad, es lo verdaderamente positivo.

De esta manera, el cristiano convierte por una dialéctica automática la desesperación en salvación. La nueva perspectiva le hace ver la verdadera realidad de esta vida, que consiste en no ser esta vida —ir, venir, querer esto o lo otro, saber ésta o la otra sabiduría parcial y relativa—, no ser esta vida la verdadera realidad, sino precisamente un error de óptica. Es sólo la refracción en el tiempo de nuestra vida eterna. Y es preciso comportarse en consecuencia, es decir, en vez de justificar unos con otros nuestros actos intravitales, referirnos a nuestra absoluta vida en Dios —en suma, vivir en cada instante más allá de esta vida y de la naturaleza, transvivirnos en la forma de lo eterno. El hombre, como ser natural frente al mundo natural, ha muerto, y le va a preocupar sólo la dimensión sobrenatural, el sentido absoluto de sus actos. Se queda, pues, el hombre solo con Dios. Desatiende el mundo, que es sólo un estorbo para las relaciones del alma con Dios, y si mira a él es para verlo como puro reflejo de lo divino, como símbolo y alegoría. Un hombre así despreciará la ciencia. Por dos razones: porque se ocupa en serio del mundo, que no lo merece, y porque supone confianza del hombre en su razón natural, lo cual es, por lo menos, tendencia al pecado, a vivir centrado en sí. La vida del cristiano es teocéntrica, y el mundo para él es, por lo pronto, el trasmundo sobrenatural.

Pero he aquí que este extremismo, como todos, va a tener que pactar. Esa negación de lo intramundano es una exclusión arbitraria. Al entenderse el hombre con Dios camina torpemente por el mundo y es incapaz de entenderlo. Dios, por lo visto, no revela las leyes de la naturaleza. Ésta reclama los derechos que como realidad posee, y poco a poco va a irse interponiendo de nuevo entre el hombre y Dios. Muy bien lo reconoce y lo dice el católico Gilson en su libro *L'esprit de la philosophie médiévale*. «A partir del siglo XIII el universo de la ciencia —se entiende la puramente humana— comienza a interponerse entre nosotros y el universo simbólico, divino —de la alta Edad Media». Ésta va a ser la crisis renacentista. La naturaleza va a ir separando de nuevo al hombre de Dios. Y cuando Galileo y Descartes descubren un nuevo tipo de ciencia, de razón humana que permite con toda exactitud predecir los acontecimientos cósmicos, el hombre recobra la fe y la confianza en sí mismo. Vuelve a vivir desde sí, más que nunca en la historia. Eso ha sido la Edad Moderna —el humanismo.

LECCIÓN X

ESTADIOS DEL PENSAMIENTO CRISTIANO

Si en las dos lecciones anteriores he procurado corresponder a ciertas curiosidades, muy justificadas, que en ustedes presumo, hoy no tengo más remedio que reintegrarme por completo a las exigencias de mi tema, y montándome, como en un vehículo, en riguroso laconismo, ganar rápidamente el tiempo que no creo haber perdido, pero sí gastado.

Retrotráiganse ustedes a nuestra idea fundamental: nuestra vida, la vida humana, es para cada cual la realidad radical. Es lo único que tenemos y somos. Ahora bien: la vida consiste en que el hombre se encuentra, sin saber cómo, teniendo que existir en una circunstancia determinada e inexorable. Se vive aquí y ahora, sin remedio. Esta circunstancia en que tenemos que estar y sostenernos es nuestro contorno material, pero también nuestro contorno social, la sociedad en que nos hallamos. Como ese contorno es, a fuer de tal, lo otro que el hombre, algo distinto, extraño, ajeno a él, estar en la circunstancia no puede significar un pasivo yacer en ella formando parte de ella. El hombre no forma parte de su circunstancia: al contrario, se encuentra siempre ante ella, fuera de ella, y vivir es precisamente tener que hacer algo para que la circunstancia no nos aniquile. Ésta, pues, es constitutivamente problema, cuestión, dificultad; en suma, asunto a resolver. Nuestra vida, pues, nos es dada —no nos la hemos dado nosotros—, pero no nos es dada hecha. No es una cosa cuyo ser está fijado de una vez para siempre, sino que es una tarea, algo que hay que hacer; en suma, un drama. De aquí que, por lo pronto, tenga el hombre que hacerse ideas sobre su circunstancia, que interpretarla para poder decidir todo lo demás que tiene que hacer. Según esto, la primera reacción que, quiera o no, ejecuta el hombre al sentirse viviendo, es decir, sumergido en la circunstancia, consiste en creer algo sobre ella. El hombre está siempre en alguna creencia y vive entre las cosas *desde* ella, conforme a ella. Fue un error terrible de la época moderna, cuya génesis precisamente estudiamos, estar en la creencia de que el ser primario del hombre consiste en pensar, que su relación primaria con las cosas es una relación intelectual. Este error se llama «idealismo». La crisis que padecemos no es sino la multa que pagamos por aquel error. El pensamiento no es, pues, el ser del hombre, el hombre no consiste en pensamiento; éste es sólo un instrumento, una facultad que posee, ni más ni menos que posee un cuerpo. Su ser, repitamos, es un gran quehacer, y no una cosa que esté ahí ya dada, como está dado el cuerpo y está dado el mecanismo mental. Sin embargo, pensar es lo primero que el hombre hace como reacción a la dimensión fundamental de su vida, que es tener que habérselas con su contorno. Mas como, según dijimos, éste no se reduce a las cosas materiales en nuestro derredor, sino también a la sociedad humana en que hemos caído, resulta que cada hombre encuentra formando parte de su circunstancia el sistema de creencias, la concepción o interpretación del mundo vigente a la sazón en aquella sociedad. Dejándose penetrar de ella o combatiéndola y oponiéndole otra original, el hombre no tiene más remedio que contar con las creencias de su tiempo, y esta dimensión de su circunstancia es lo que hace del hombre un ente esencialmente histórico, o, dicho en otra forma, el hombre no es nunca un primer hombre, sino siempre un sucesor, un heredero, un hijo del pasado humano. Le toca siempre vivir en un instante determinado de un proceso anterior a él, o, dicho en otra forma, se ve obligado a entrar en escena en un preciso momento del amplísimo drama humano que llamamos «historia».

Por eso, aun tomando sólo de ese proceso y drama la breve porción a que se refiere este curso, vamos a definir velocísimamente los actos que los constituyen:

Escena primera: El hombre, en una circunstancia o situación desesperada, se hace cristiano, es decir, reacciona con la interpretación cristiana de la vida.

El hombre sopesa el volumen entero de sus posibilidades vitales, cuanto él constituye como ser natural, y encuentra que no puede valerse, que esta vida es impotente para resolverse a sí misma; por tanto, que el hombre natural y su existencia no pueden ser la realidad. ¿Cómo va a ser real lo que no se basta a sí mismo ni para darse el ser ni para lograrse en él? ¿Cómo va a *ser* de verdad algo suficiente, real la vida humana, si nadie puede estar seguro de que va a poder concluir la frase: mi vida es algo? La vida está constantemente en la inmediata inminencia de quedar aniquilada. Lo que tiene de realidad es estrictamente lo necesario para hacernos caer en la cuenta que su efectiva realidad no está en ella, sino fuera de ella. El hombre no es un ser suficiente, sino, por el contrario, el ser indigente, que necesita de otro en que apoyarse. Dicho en otra forma: esta vida es máscara de otra más real que la funda, completa, explica y justifica.

De este modo el hombre desesperado descubre, al reconocer la nulidad o insuficiencia de su vida tomada por sí, la necesidad de admitir otra existencia y otra realidad firme. Pero esa otra vida se descubre dialécticamente, como precisa contraposición a ésta, a la nuestra, a la que queremos y llevamos. Esa otra realidad aparece con los atributos absolutamente opuestos a la realidad humana natural: no tiene comienzo ni término, es intemporal o eterna, es principio de sí misma, omnipotente, etcétera. En suma: esa realidad es Dios.

Hecho este descubrimiento y desde esta creencia, nuestra vida será vivida por nosotros bajo una perspectiva nueva. Todo lo que ella es y lo que en ella hagamos, lo referiremos a nuestra verdadera realidad, esto es, a lo que somos ante Dios o en Dios. De este modo reabsorbemos nuestra existencia temporal en la eternidad de Dios. El hombre se dispone a vivir de espaldas a esta vida y cara a la ultravida.

Noten ustedes la transformación radical del mundo, de lo que se considera como realidad, que esto representa. Antes, para el hombre griego, para lo que luego se va a llamar el pagano, realidad significaba el conjunto de las cosas psico-corporales o cosmos: la piedra, la planta, el animal, el hombre, el astro; es decir, lo que se ve y se toca más lo que se presume como ingrediente invisible e intangible de lo que se ve y se toca. Cuando el griego meditaba sobre esa realidad e intentaba descubrir su estructura esencial, llegaba a conceptos como substancia, causa, cualidad, movimiento, etcétera; en suma, a las categorías del ser cósmico. Pero ahora realidad significa algo que no es corporal, ni siquiera psíquico —ahora la verdadera realidad consiste en el comportamiento del hombre con Dios—, en algo, pues, tan inmaterial, tan incorporal, que llamarlo espiritual, como se le llamó, es ya materializarlo inadecuadamente.

Usando nuestra terminología, el mundo del cristiano se compone sólo de Dios y el hombre —frente a frente, trabados en una relación que pudiera denominarse puramente moral, si no hubiese que llamarla mejor ultramoral. Ninguna de las categorías cósmicas del griego sirven para interpretar y describir esta extraña realidad que consiste, no en ser esto o lo otro —como piedra, planta, animal y astro—, sino en ser una conducta. El supuesto de ésta es que el hombre se siente dependiendo absolutamente de otro ente superior o, lo que es igual, se ve a sí mismo esencialmente como criatura. Y para quien existe como criatura, vivir tiene que significar no poder existir independiente, por sí, por su propia cuenta, sino por cuenta de Dios y en constante referencia a Él. De aquí que para el puro cristiano el mundo —se entiende, éste—, la naturaleza, carezca de interés. Menos aún: la atención a la naturaleza fácilmente lleva al hombre a creer que es ella algo subsistente y suficiente, a caer en la perspectiva intramunda, a querer vivir por sí y desde sí. De aquí el desdén de los primeros siglos cristianos a todas las ocupaciones mundanales: a la política, a la economía y a las ciencias. Lo único verdaderamente real es el alma y Dios. El alma es el nombre tradicional con que se designa el yo. San Agustín, prototipo del hombre hecho ya cristiano, del convertido, dirá: *Deum et animam scire cupio. Nihilne plus? Nihil omnino.*

Esta posición es perfectamente lógica en un extremista cristiano, es decir, en un hombre que quiere ser sólo cristiano. Ahora bien: si para él no hay más realidad propiamente tal que el *Deus exuperantissimus* y la relación de la criatura con él, es evidente que no sirven de nada los conceptos de la filosofía griega obtenidos mediante un análisis de la pseudo-realidad cósmica. Y aquí tienen ustedes por qué en una lección anterior me atrevía yo a decir que cuanto se ha llamado filosofía cristiana ha sido más bien la traición intelectual a la auténtica intuición del cristianismo. San Agustín, genialmente, intenta descubrir conceptos nuevos, adecuados a la nueva realidad, y, sin excesivo error, puede decirse que cuanto hay de efectiva filosofía cristiana se debe a él. Pero no bastaba un hombre, por genial que fuera: era menester des-pensar todos los viejos conceptos, liberarse de ellos y forjar toda una ideología radicalmente original. La masa enorme y sutilísima de la ideología griega, gravitando sobre estas horas germinales del pensamiento cristiano, lo aplastó. Y aun cabe precisar un poco más: es posible que si entre los griegos no hubiese existido un Platón, el cristiano de estos primeros siglos hubiera logrado la plena franquía de su inspiración inmunizándose frente a la ideología archimundanal de aquellos helenos que pensaban con los ojos y con las manos. Pero Platón fue un seductor irresistible: hay en él un extrínseco parecido con la tendencia cristiana. También él habla de dos mundos —éste y el otro—; también en él se rumorea de una vida ultraterrena. El propio Agustín reconocía en el platonismo la mejor introducción a la fe cristiana. Mas sin que yo pueda detenerme ahora a mostrarlo, forzoso es decir que se trataba de un *quid pro quo*. El platonismo no es en ningún sentido cristianismo.

A la realidad absoluta que para el cristiano es Dios no se puede llegar, como al trasmundo de las ideas platónicas, por medio de la razón, que es una facultad, una dote del hombre natural, algo que éste tiene, posee y maneja por su cuenta. A las ideas platónicas les basta con ser ellas lo que son para que el hombre pueda, más o menos, conocerlas. Pero el ser del Dios cristiano es de tal modo trascendente que no hay camino desde el hombre a él. Para conocerlo se hace, pues, menester que Dios, además de ser lo que es, se ocupe en descubrirse al hombre —en suma, que se revele. El atributo más característico del Dios cristiano es éste: *Deus ut revelans*. La idea de la revelación, como la idea de creación, es una absoluta novedad frente a todo el ideario griego. Noten ustedes la paradoja. En la revelación no es el sujeto hombre quien por su actividad conoce al objeto Dios, sino al revés, el objeto Dios quien se da a conocer, quien hace que el sujeto le conozca. Este extraño modo de conocimiento en que no es el hombre quien va a buscar la verdad y apoderarse de ella, sino, al revés, la verdad quien va a buscar al hombre y apoderarse de él, inundarlo, penetrarlo, transirlo, es la fe, la fe divina.

Más aún: para este puro cristiano que es San Agustín, alma tórrida de africano, no hay más conocimiento que ése. No hay —fíjense en esto, porque es lo específico de la primera escena que describimos—, no hay razón humana. Lo que solemos llamar así es el uso que hacemos de la iluminación constante con que Dios nos favorece. El hombre por sí solo no es capaz de pensar la simple verdad: $2 + 2 = 4$. La intuición de toda verdad, eso que llamamos *sensu stricto* intelección, es operación de Dios en nosotros.

Hasta tal punto es cierto, que en estos primeros siglos la vida consiste para el cristiano exclusivamente en habérselas con Dios. De aquí que pierdan sentido y valgan sólo como tristes compromisos con la debilidad humana todas las ocupaciones con cosas del mundo. El hombre sólo vive propiamente cuando se ocupa de Dios, en la contemplación intelectual y amatoria o en actos de caridad que se emprenden y ejecutan sólo como gestos hacia Dios. Esto es decir que el cristiano puro tenía que ser clérigo, monje o cosa parecida. Los demás oficios humanos, los demás haceres eran, en principio, descarrío. El trabajo en el cual el hombre se enfrasca con las cosas de este mundo no es el destino sustantivo del hombre, sino penalidad o castigo que arrastra el hombre desde su expulsión del ocio paradisíaco, o maceración que voluntariamente se impone para entrenarse en la santidad o labor suplementaria y ornamental emprendida como culto a Dios.

Escena segunda: San Agustín vive entre el siglo IV y el V. Si ahora nos trasladamos seis siglos avante, nos encontramos la vida cristiana un poco modificada en su estructura. El lema agustiniano era éste: *Credo ut intelligam* —para conocer es preciso antes creer—; por tanto, no hay, en rigor, conocimiento como algo aparte y por sí. Conocer es, en su raíz, recibir revelaciones e iluminaciones —por consiguiente, creer. Dios es lo único que verdaderamente hay. El hombre considerado por sí, no tiene realidad.

¿Pero no es esto excesivo? Cuando una iluminación nace en el hombre, por muy pasivo que se imagine el papel de éste, algo hace para recibirla. Dios es generoso: el hombre, menesteroso y mendigo. Dios da de su riqueza algo al hombre, le pone en la mano de éste como una onza de oro. Pero el mendigo tiene, por fuerza, y por lo menos, que cerrar la mano sobre la onza donada —de otro modo, la buena voluntad que Dios muestra de hacer una donación fracasaría. Así en el orden del conocimiento. Dios nos insufla una verdad mediante la fe, pone en nosotros la fe. Pero esta fe que viene de Dios a nosotros tiene que ser asimilada, es decir, entendida. El contenido de la fe es la palabra de Dios que llega al hombre, pero el hombre tiene que comprender esa palabra. Es indiferente que esa palabra diga o no un misterio. Aun el misterio inexplicable tiene que ser entendido para ser misterio. Yo no me explico el cuadrado redondo, pero no me lo explico precisamente porque entiendo lo que esas palabras significan.

Por muy firme que quiera ser la tesis agustiniana de que toda verdad nos viene de Dios, habrá en ese proceso de recepción un punto en que ya no es Dios quien insufla la verdad, sino el hombre quien la hace suya, quien la piensa operando con sus dotes naturales. San Agustín, en su fervor extremista, se preocupaba sólo del origen, al fin y al cabo divino de la verdad, y desatendía ese estadio del conocimiento en que el hombre no se limita a creer por cuenta de Dios, sino que discurre, entiende, razona inevitablemente por cuenta propia. Desatender eso, preocuparse sólo de Dios radicalmente era la estructura de la vida cristiana en la primera escena. Pero generaciones y generaciones habían nacido ya instaladas en ella. Ya no era para ellas cuestión lo que tan dramáticamente lo fue para San Agustín. De aquí que su atención quedase en cierta franquía para preocuparse del segundo estadio del proceso, de la intervención discursiva del hombre en la recepción de la palabra divina. No: el hombre no es simplemente nada, aunque sea muy poco. Hasta para que haya fe tiene que intervenir, quiera o no —puesto que necesita entender la fe— la palabra de Dios. Tal es la situación de San Anselmo. Estamos en el siglo XI. Frente al lema de San Agustín: *Credo ut intelligam*, el de San Anselmo suena así: *Fides quaerens intellectum*. Allí la inteligencia, perdida y sintiéndose nula, necesita de la fe. Aquí, es la fe quien para completarse necesita de la inteligencia. No se trata, conste, de que el hombre una vez que Dios se le ha revelado en la fe pretenda reconstruir todo el contenido de la fe mediante puro razonamiento humano, logrado lo cual podría, claro está, prescindir de la fe. No: se trata de que el intelecto tiene que trabajar sobre la fe, dentro de la fe para proporcionarle su peculiar iluminación —en cierto modo, tiene que hacer lo que el reactivo que revela una placa. Un ejemplo aclarará a ustedes esto, porque aun yendo tan de prisa como voy y aun obligado a no trazar sino esquemas rectilíneos y deliberadamente excesivos, quisiera poder ser entendido. Digo, pues, como símil esclarecedor, que la visión nos manifiesta o pone delante el fenómeno natural de los colores. Sin esta noticia que el sentido visual nos proporciona, no se nos ocurriría jamás pensar en la luz y su cromatismo. Ahora bien, esa noticia sensorial es un hecho bruto e irracional con que nos encontramos, que nos mueve a ejercitar nuestro intelecto sobre ella, a fin de hacernos inteligible la luz y sus colores. Esta faena intelectual, racional sobre el dato irracional de la visión se llama óptica. Pareja es la operación de la inteligencia sobre el contenido de la fe. Precisamente porque San Anselmo cree a pie juntillas que la realidad absoluta es Dios, su trinidad, su omnipotencia, etcétera, se ve obligado a entender como hombre natural todo eso que le es notificado sobrenaturalmente.

Esto significa un cambio muy importante en la estructura de la vida cristiana merced al cual el hombre que antes quedó aniquilado inicia su propia afirmación, la confianza en sus dotes naturales. Si por un lado necesita la iluminación sobrenatural de la fe, por otro resulta que ésta necesita a su vez una iluminación a cuenta del hombre. Dentro de la fe comienza a incorporarse la razón humana. La revelación, la palabra de Dios, necesita integrarse con una ciencia humana de la palabra divina. Esta ciencia es la teología escolástica. Generación tras generación —desde San Anselmo— va a ir creciendo dentro de la fe el papel de la razón. El extremismo cristiano empieza a pactar con el hombre y la naturaleza que empezó por excluir.

Escena tercera: Dos siglos más tarde. La Edad Media en su mediodía. Santo Tomás. El cristiano reconoce en la razón puramente humana representada por los griegos, especialmente Aristóteles, una potencia sustantiva, aparte e independiente de la fe. Ya no se trata de que la inteligencia iluminada por Dios reobra sobre la palabra divina para aclararla, como en San Anselmo. Ahora ya, es la inteligencia un orden separado y por sí radicalmente distinto de la fe. Santo Tomás fija rigorosamente las fronteras entre una y otra. Hay la fe ciega y hay la razón evidente. Ésta vive por sí, con sus raíces y principios propios frente a aquélla. Dentro siempre de la realidad absoluta que es Dios se acota un espacio en que la criatura, el hombre, actúa por su propia cuenta. Yo diría: se reconoce un estatuto al hombre y éste cobra conciencia de su poder y sus derechos, más aún, tiene obligación de afirmar sus cualidades naturales, sobre todo, la razón. Santo Tomás, relativamente a todo el pasado cristiano, reduce al mínimum el territorio exclusivo de la fe y amplía al máximum el papel de la ciencia humana en lo teológico. Esta diferencia de tamaño entre ambos territorios queda compensada por el rango de las verdades que nos llegan sólo mediante la revelación. Merced a esto puede hablarse de un equilibrio entre la fe y la razón —entre lo sobrenatural y lo natural. A un cristiano de los primeros siglos, este equilibrio, este reconocimiento de la razón humana como poder exento le hubiera parecido un horror y le habría olido a nefando paganismo.

Hoy la Iglesia católica se halla instalada, tal vez enquistada en el tomismo, dentro del cual habita desde hace siglos y que se ha convertido para ella en un hábito inveterado. Por lo mismo, no percibe bien lo que históricamente significó Santo Tomás y que en su tiempo dio ocasión a tan ásperas contiendas dentro de su seno. Santo Tomás fue un tremendo humanista. Proclamó con energía superlativa los derechos del racionalismo y esto quiere decir, no se le dé vueltas, que hizo de Dios algo en muchas porciones interior al mundo. La razón, dote natural del hombre, tiene un radio de acción: donde ella llega, esto es, todo aquello que por ella pueda yo entender es naturaleza, está en mi horizonte, en este mundo nuestro.

Ahora bien, salvo unos cuantos atributos divinos, todo lo demás que constituye a Dios es asequible a la razón. En la misma medida, deja, pues, de ser *exuperantissimus*, y vuelve a ser como el Dios de Aristóteles un ingrediente del cosmos.

Santo Tomás pudo pensar así porque su entusiasmo racionalista le hace, desde luego, pensar a Dios como el ser razonable por excelencia. Dios es, ante todo, intelecto, razón —en suma, *es* lógica. Esta lógica, inteligencia y razón divinas son infinitas mientras la lógica, la inteligencia y la razón humanas son limitadas. Pero esto implica que tienen aquéllas y éstas una textura común, aunque aquéllas rebosen en extensión infinitamente a éstas.

La razón humana coincide con una parte del ser racional divino que, en esa parte, es por completo transparente a nuestro pensamiento, en suma, inteligible. He aquí que el hombre puede, aun como simple hombre y sin auxilio directo de Dios, por el mero funcionamiento de sus dotes naturales, habérselas con Dios.

Si ahora recuerdan ustedes la escena primera advertirán que la vida cristiana ha cambiado profundamente de estructura. Dios no se habrá empequeñecido, pero es indudable que el hombre ha engrosado, que ya no es un puro desesperado de sí, que confía en su naturaleza en cuanto estatuto limitado frente a Dios.

Y con el hombre reafirmado reaparece el mundo en torno del hombre con sus derechos a ser atendido por éste. Ya no se ocupan los cristianos sólo de teología. La filosofía se ocupa también de las cosas y se hace cosmología. Casi todo el saber de los griegos sobre el mundo es reaprendido por los clérigos cristianos. Las Facultades de Filosofía comienzan a ponerse en primer término y asombrar a las teológicas.

Advierto aquí de pasada, ya que luego se va a hacer el dato importante, que toda esta nueva fe del hombre en sí mismo, fe aún relativa y que no excluye su conciencia de criatura a la postre dependiente, brota en nombre de una forma particularísima de razón: la razón puramente lógica que consiste en la evidencia de las relaciones conceptuales entre géneros y especies. Es la vieja razón de Aristóteles que se concreta en el silogismo. El hombre no tiene sospecha de otra razón. Sólo le es inteligible lo que se obtiene por medio de la inferencia silogística y ésta supone que en la realidad existen las substancias universales. Si no hubiese más que los hombres singulares —éste, ése, aquél— no se podría fraguar un silogismo suficiente que ha de partir siempre de alguna afirmación verdadera sobre el hombre en general. Tiene, pues, que existir en la naturaleza el hombre en general, lo que se llamó el universal.

Escena cuarta: El mediodía del tomismo, como todo mediodía, va a durar muy poco. La mañana es larga, avanza lentamente; la tarde se arrastra tardígrada también. Pero el mediodía cuando llega ya se va.

Dos generaciones después de Santo Tomás, un escocés va a derribar el edificio y va a precipitar la Edad Media rápida e irremediablemente hacia su crisis y consunción.

Santo Tomás nace en 1225 ó 1226; Duns Scoto, hacia 1270. Como se disputa vivamente si le pertenecen o no ciertas obras que le eran tradicionalmente atribuidas, voy a referirme más que al mismo Duns al conjunto y tendencia de esos escritos, cuya característica general es el combate contra el tomismo.

Había en éste llegado el hombre europeo a una armonía entre la fe y la razón, Dios y la naturaleza. La clave de esa armonía, según hemos visto, era que el hombre puede ante la realidad, que es Dios y el mundo, confiar no poco en sí. Porque Dios es racional, y al serlo Él lo es su obra —mundo y hombre. La razón es, pues, el nexo armónico, el puente entre el hombre y la circunstancia con que tiene que habérselas.

Pero el escotismo va a protestar contra esta paganización del cristianismo y vuelve, en lo que a Dios se refiere, a la pura inspiración cristiana. Es falso —sostiene— que Dios consista primariamente en razón, en inteligencia, y se comporte supeditándose por fuerza a lo racional e inteligible. Eso es empequeñecer a Dios, y además negar su función más característica: la de constituir el principio del ser. Todo ser es porque Dios es. Pero Dios no es por ninguna otra cosa, causa, razón ni motivo. Dios no es porque es necesario que sea —esto significa someter a Dios a una necesidad e imponerle la mayor de las obligaciones: la de existir. No; Dios existe y es lo que es porque quiere, y nada más. Sólo así es verdaderamente principio de sí mismo y de todo. En suma: Dios es voluntad, pura voluntad —previa a todo, incluso a la razón. Dios pudo no comportarse racionalmente; pudo, inclusive, no ser. Si ha preferido crear la razón y aun someterse a ella, es simplemente porque ha querido; y por tanto, la existencia de la racionalidad es un hecho, pero no un principio. En su auténtico ser, Dios es irracional e ininteligible. Por tanto, es ilusoria una ciencia teológica según el escolasticismo venía haciéndola. La teología es una ciencia práctica que no descubre verdades sobre Dios, sino que sólo enseña al hombre a manejar los dogmas de la fe. Queda ésta, pues, radicalmente disociada de la razón. El hombre vuelve a no tener medios propios para habérselas con Dios; en cambio, su razón robustecida tiene largo campo de acción en lo mundanal.

Escena quinta: Medio siglo más tarde. El escotismo obliga al hombre a vivir en un mundo doble, cuyas dos mitades no tienen nada que ver entre sí: el trasmundo divino, ante el cual no tiene medios propios, y este mundo, frente al cual posee la vigorosa facultad que es su razón. Frente a Dios el hombre está perdido, porque la fe es lo irracional. Le queda, en cambio, el mundo.

Pero Guillermo de Ockam va a demostrar que en el mundo no existen los universales; que eso que llamamos «el hombre, el perro, la piedra», no son realidades, sino ficciones nuestras, simples signos nominales, verbales, de que nos valemos para andar entre las cosas que son siempre singulares: este hombre, aquel árbol. Pero esto significa —nada menos— que la vieja lógica del silogismo, que la razón conceptual no vale para conocer las realidades.

Esto es la catástrofe del hombre medieval. Perdido ante Dios en un vago y consuetudinario fideísmo, queda ahora también perdido en el mundo de las cosas, cara a cara con éstas, una a una, teniendo que vivir con los sentidos, es decir, mediante la pura experiencia de lo que va viendo, oyendo, tocando. Y, en efecto, los ockamistas de París, Oresme, Buridán, serán los primeros iniciadores de una nueva forma de relación intelectual entre el hombre y las cosas: la razón experimental. Mas, por lo pronto, no existe aún ésta. Se vive sólo el fracaso de la otra, de la razón conceptual, de la pura lógica.

El Dios irracional que se comunica burocráticamente con los hombres al través de la organización eclesiástica, va quedando al fondo del paisaje vital humano. Por otra parte, el fracaso de la razón lógica se debe a la agudeza misma del hombre, que con su análisis la ha disuelto. Queda éste, pues, con una extraña confianza en sí mismo que no puede justificar. Se encuentra perdido, pero al mismo tiempo con una profunda esperanza y una nueva ilusión por la vida, por esta vida. La naturaleza le interesa sobre todo por su belleza. Siente apetito por los valores sociales —el poder, la gloria, la riqueza. Perdido, pero ilusionado —tal es el hombre del siglo XV. La crisis comienza; pero es muy distinta de aquélla en que prendió el cristianismo; en cierto modo es opuesta. Entonces el hombre desespera de sí y por eso va a Dios. Ahora el hombre desespera de la Iglesia —léanse las quejas constantes que de ella se dan de 1400 a 1500—, se desprende de Dios y se queda solo con las cosas. Pero tiene fe en sí; presiente que en su interior va a encontrar un nuevo instrumento para resolver su lucha con el contorno, una nueva razón, una nueva ciencia —la *nuova scienza* de Galileo. La física moderna germina. En 1500 Copérnico estudia en Bologna. Pocos años antes había dicho ya Leonardo: *Il sole non si muove*. La naturaleza va a rendirse a la razón físico-matemática, que es una razón técnica. Por otra parte, hacia esa fecha Fernando e Isabel crean el primer Estado europeo e inventan la razón de Estado. Esas dos razones son el hombre moderno.

LECCIÓN XI

EL HOMBRE DEL SIGLO XV

La lección anterior ha sido una película: hemos presencia-
do el movimiento vital del hombre europeo desde el siglo
V hasta los albores del XV. La historia, en efecto, es, en una
de sus dimensiones, cinematografía. Cada hombre vive en
una actualidad, en un paisaje vital, en un mundo, en un sistema de creencias —todas estas expresiones son sinónimas—
que de ordinario está quieto por lo menos en sus grandes
líneas topográficas. Pero ese paisaje o estructura de la vida
cambia en cada generación y aunque cada uno de ellos sea
quieto, como lo es cada fotografía de la película, su sucesión
da un movimiento.

Por otra parte, espero que al ver desarrollarse ante ustedes
esa película hayan, cuando menos, entrevisto que sus cam-

bios no eran brincos ni se producían al azar, sino que una forma de vida brotaba de la anterior con ejemplar continuidad y como obedeciendo a una ley de transformación; en suma, que la realidad histórica, el destino humano avanza dialécticamente, si bien esa esencial dialéctica de la vida no es, como creía Hegel, una dialéctica conceptual, de razón pura, sino precisamente la dialéctica de una razón mucho más amplia, honda y rica que la pura —a saber, la de la vida, la de la razón viviente.

Pero claro es que si al reconstruir nosotros el pasado mediante la historia, hallamos que cada nueva época o estadio emerge del anterior con una cierta lógica o, dicho de otro modo, que a cada forma de vida sucede otra que no es cualquiera, sino precisamente una que la anterior predetermina, quiere decirse que también será posible en alguna medida lo contrario, a saber, viviendo en una época vaticinar cómo será en sus líneas generales la inmediata futura, en suma, que es en serio posible la profecía. Schlegel solía decir que un historiador es un profeta del revés, pero yo sostengo que eso implica también que el profeta es un historiador a la inversa, un hombre que narra por anticipado el porvenir. El problema es muy delicado y yo no voy a acometerlo ahora, pero es tan consustancial a mi manera de entender no sólo la historia sino la metafísica que necesito decir media docena de palabras sobre él.

Es evidente que la reconstrucción del pasado o historia se encuentra en condiciones incomparablemente más favorables que la predicción del futuro o profecía. El historiador tiene en su mano todos los datos, es decir, los detalles del proceso íntegro que va a historiar, desde su principio hasta su fin. Sólo le falta descubrir el sentido orgánico de esos datos. Respecto al porvenir nos encontramos en una situación inversa: no tenemos los datos o detalles del proceso que va a acontecer. Con esta advertencia basta para comprender que la facultad profética del hombre es mucho más limitada y difícil que su facultad histórica. No hay, pues, ni que hablar de que el hombre pueda predecir tanta cantidad de futuro como puede narrar de pasado. Hoy podemos contar con alguna claridad cuatro mil años de pretérito. Nadie pretenderá que vaticinemos parejamente cuatro mil años de futuro. Sin embargo, noten ustedes que es esencial a la perspectiva histórica —como a la visual— ir perdiendo claridad en razón de la distancia. Vemos más íntimamente los siglos más próximos que los remotos, esto es, podemos decir más, salvas excepciones peculiares, sobre las formas vitales del próximo pasado que sobre las más lejanas, y al llegar al siglo octavo o noveno antes de Cristo, sólo podemos decir cosas muy generales y, si se quiere llamar vago a lo general, muy vagas. Esta ley de perspectiva se acentúa sobremanera cuando se trata de predecir el porvenir, pero, en principio, es idéntica.

Con esto intento sugerir que no se confunda la cuestión de los estrechos límites y dificultades genuinas anejos a la facultad profética del hombre que es, por tanto, cuestión sobre el más y el menos, con la existencia misma de esa capacidad vaticinadora, esto es, con la cuestión de si, mucho o poco, puede el hombre, al fin y al cabo, predecir algo.

Precisada así la cuestión, yo me permito decir lo siguiente: 1.º Si la vida humana no es una realidad cuyo ser, cuya consistencia o contenido le es dado ya hecho al hombre como le es dado a la piedra y al astro, sino que su ser tiene que hacérselo él, entonces la vida de cada cual es profecía constante y sustancial de sí misma, puesto que es esencialmente, queramos o no, anticipación del futuro. Y cuanto más auténtica sea nuestra conducta vital, más auténtica será la predicción de nuestro futuro.

Y esta autenticidad comienza por consistir en darnos cuenta de que la periferia de nuestra vida, lo que —como solemos decir— «nos pasa», no está en nuestra mano, ya que ni siquiera está en nuestra mano no morir dentro de un instante. Pero que sí está en nuestra mano el sentido vital de cuanto nos pase, porque eso depende de lo que decidamos ser. En cada instante se abren ante el hombre múltiples posibilidades de ser —puede hacer esto o lo otro o lo de más allá. De aquí que no tenga más remedio que elegir una. Y evidentemente si la elige —si elige hacer ahora esto y no lo otro— es porque ese hacer realiza algo del proyecto general de vida que para sí ha decidido. El vivir, pues, es no poder dar un paso sin anticipar la dirección o sentido general de cuantos va a dar en su existencia.

Siendo así las cosas, la cuestión sobre el don profético del hombre se vuelve del revés. ¿Cómo no va a poder vaticinar si, por lo menos, con respecto al sentido general de su vida singular es el hombre quien lo decide? Por lo menos, en este sentido y límites vivir es profetizar, anticipar el porvenir.

Ese programa vital que cada cual es y que da el contenido interno y positivo a lo que «nos pasa» —recuerden que una misma cosa que pasa a hombres distintos adquiere en cada uno sentido diferente—, así, el hecho idéntico de estarme oyendo ahora es en cada uno de ustedes un acontecimiento vital de perfil más o menos diferente... Pues bien, ese programa de vida que cada cual es, es, claro está, obra de su imaginación. Si el hombre no tuviese el mecanismo psico-lógico del imaginar, el hombre no sería hombre. La piedra para ser no necesita construir con su fantasía lo que va a ser —pero el hombre sí. Todos sabemos muy bien que nos he-mos forjado diversos programas de vida entre los cuales os-cilamos realizando ahora uno y luego otro. En una de sus dimensiones esenciales la vida humana es, pues, una obra de imaginación. El hombre se construye a sí mismo, quiera o no —de aquí la honda expresión de San Pablo, el *oikodo-mein*, la exigencia de que el hombre sea edificante. Nos construimos exactamente, en principio, como el novelis-ta construye sus personajes. Somos novelistas de nosotros mismos, y si no lo fuésemos irremediablemente en nuestra vida, estén ustedes seguros que no lo seríamos en el orden literario o poético.

Pero aquí viene lo más importante: esos diversos proyec-tos vitales o programas de vida que nuestra fantasía elabo-ra, y entre los cuales nuestra voluntad, otro mecanismo psí-quico, puede libremente elegir, no se nos presentan con un cariz igual, sino que una voz extraña, emergente de no sa-bemos qué íntimo y secreto fondo nuestro, nos llama a ele-gir uno de ellos y excluir los demás. Todos, conste, se nos presentan como posibles —podemos ser uno u otro—, pero uno, uno sólo se nos presenta como lo que tenemos que ser. Éste es el ingrediente más extraño y misterioso del hombre. Por un lado es libre: no tiene que ser por fuerza nada, como le pasa al astro, y, sin embargo, ante su libertad se alza siempre algo con un carácter de necesidad, como di-ciéndonos: «poder puedes ser lo que quieras, pero sólo si quieres ser de tal determinado modo serás el que tienes que ser». Es decir, que cada hombre, entre sus varios seres posibles, encuentra siempre uno que es su auténtico ser. Y la voz que le llama a ese auténtico ser es lo que llamamos «vocación». Pero la mayor parte de los hombres se dedica a acallar y desoír esa voz de la vocación. Procura hacer ruido dentro de sí, ensordecerse, distraerse para no oírla y estafarse a sí mismo sustituyendo su auténtico ser por una falsa trayectoria vital. En cambio, sólo se vive a sí mismo, sólo vive, de verdad, el que vive su vocación, el que coincide con su verdadero «sí mismo».

Ahora bien, este verdadero «sí mismo» de cada cual, este programa de vida que es el vocacional comprende, claro está, todos los órdenes de la existencia, no se refiere sólo a la profesión u oficio que vamos a elegir. Se refiere, por ejemplo, al orden de nuestros pensamientos u opiniones. Cada uno de nosotros podrá tener las opiniones que quiera, pero sólo un cierto equipo de esas opiniones posibles constituye lo que él tiene que pensar si quiere pensar según su vocación. Y si se empeña en adherir a otras opiniones, vivirá intelectualmente en falso consigo mismo.

Pero al insistir yo tanto en que cada hombre tiene un programa vital que es el único auténticamente suyo, no se subentienda y con ello malentienda que, por ejemplo, lo que un hombre tiene que opinar, sea, por fuerza, distinto de lo que el prójimo tenga que opinar. Al contrario: la mayor parte de lo que tenemos que ser para ser auténticos nos es común con los demás hombres lanzados sobre el área de la vida a una misma altura del largo destino humano, es decir, con los demás hombres de nuestra época. Yo puedo pensar si quiero que dos y dos son cinco, pero la voz interior me grita que no lo pienso auténticamente, que tengo que pensar que dos y dos son cuatro. Ahora bien, esto no me es exclusivo: todos tenemos que pensar lo mismo en cuantos órdenes caen rigorosamente dentro del círculo de la ciencia. Es el destino del hombre actual: tener que pensar, quiera o no, científicamente, es decir, conforme a estricto razonamiento, en todo asunto que caiga en la órbita de la ciencia. La razón científica —se entiende en su zona y límites— es inexorablemente un imperativo que forma parte de la autenticidad del hombre actual. Y cuando oigan ustedes —como lo han oído estos años y seguirán oyéndolo todavía otros pocos, muy pocos ya— decir a alguien que él no quiere razonar ni pensar conforme a la ciencia, no le crean ustedes, se entiende, no crean ustedes que auténticamente él lo cree, por mucho que vocifere y aunque parezca dispuesto a dejarse matar por esa pseudo-creencia. Es tan poco auténtico como el que hoy sostuviese que la ciencia es todo, que la ciencia sola salva al hombre, etcétera. Esto era auténtico en 1833, pero no en 1933. El destino o proyecto vital del hombre europeo es hoy, en buena parte, distinto del de hace un siglo. Y es que ciertas dimensiones de nuestra vida individual no son ellas de contenido individual sino, al revés, comunes a todos o como suele decirse con término anticuado «objetivas». No hay un pensar sobre los números, un hacer cuentas, una matemática para cada hombre sino, al contrario, cuando el hombre piensa números, aritmetiza su verdad subjetiva, su autenticidad consiste precisamente en adscribirse a la verdad objetiva.

Y esta objetividad no se reduce a la ciencia. Con leve modificación de sentido existe también en otros órdenes: por ejemplo, en la política. Lo que el hombre de hoy puede decidir como su opinión política para el porvenir no está a merced del azar individual. Hay una autenticidad política, querámoslo o no, que nos es común a todos los hoy vivientes en cada país, hay una vocación general política. Estaremos dispuestos o no a oírla, pero ella suena y resuena en nuestro interior. Y sería curioso y sintomático de la época que esa única política auténtica de 1933 no estuviese representada hoy, en todo el mundo, por lo menos claramente, por ningún grupo importante y desde lejos visible. Si esto fuera así tendríamos que hoy está viviendo el hombre una vida política subjetivamente falsa, que está estafándose —lo mismo por la derecha que por la izquierda. Y como ustedes son jóvenes en su mayoría, tendrán tiempo holgado —bien seguro estoy de ello— para que los hechos les aclaren a ustedes estas palabras un poco enigmáticas que acabo de decirles.

Pero, a lo que iba. Como todos llevamos dentro una vocación en gran parte común, la que corresponde a ser contemporáneos, bastaría con que supiésemos escuchar su voz y no la alterásemos para que pudiéramos profetizar lo que va a ser en sus líneas generales el futuro, por lo menos el próximo. ¿Cómo no va a ser así, si son los hombres quienes hacen ese futuro, quienes lo imaginan? No es, pues, tanto mirando fuera cuanto perescrutando en la más solitaria soledad de sí mismo como puede cada cual prever el porvenir. Claro que esto, saber quedarse solo consigo y ensimismarse es una de las faenas más difíciles. Las pasiones, los apetitos, los intereses gritan de ordinario con más fuerza que la vocación y oscurecen su voz.

La otra advertencia que sobre este tema de la facultad profética humana —reverso esencial de su facultad histórica— quería hacer, es mucho más breve. Se reduce a esto:

Mi propósito era estudiar con alguna precisión las generaciones europeas de 1550 a 1560, pero, como no solamente lo que sobre ellas tengo que decir es muy distinto de lo que suele decirse, sino que mi concepción de la historia en general como ciencia y en su concreto desarrollo como realidad histórica acontecida, se parece muy poco a la tradicional, a la que está ya en éste o el otro libro, no he tenido más remedio que dedicar este curso a preparar a ustedes para la exposición de mi preciso tema. Por eso he tenido que dar a ustedes una idea de la realidad que la historia investiga, esa extraña realidad tan inmediata a nosotros, pero tan desconocida que se llama nuestra vida. Luego he mostrado cómo debe proceder la ciencia histórica en vista de los caracteres genuinos de esa realidad y por qué el método de investigación tiene que ser la idea de las generaciones, raíz última de los cambios históricos. De ella se desprende que el hombre, en cuanto realidad histórica, viene siempre de un mundo y va a otro. El presente es escorzo del pasado y analizarlo es ver en lo actual la perspectiva del destino humano hasta la fecha. Como he dicho, la historia no se puede contar más que entera. De aquí que me fuera preciso alejarme con ustedes grandemente de mi tema. En 1600, al través de la crisis renacentista, se edifica un nuevo mundo sobre los escombros de la Edad Media. Por eso fue menester removernos hasta el origen del cristianismo, es decir, hasta otra época de crisis. Convenía, pues, aclarar un poco qué es eso de las crisis históricas en general, asunto de gran dramatismo para nosotros, ya que, según no pocos síntomas, andamos en una de ellas. Salvando las diferencias de cada una, he descrito ciertos fenómenos fundamentales y comunes a las tres crisis que Occidente ha sufrido: la que termina con el mundo antiguo, la del Renacimiento y la que ahora se inicia.

Con esto creo que quedan ustedes bien pertrechados para entender de verdad el gran drama humano que empieza en 1400 y concluye en 1650, drama de parturición que va a poner sobre el planeta un hombre nuevo —el hombre moderno.

Pero puesto ya a contar ese drama necesitaba hacer ver a ustedes por qué sucumbe la forma medieval de la vida europea, cómo la historia del siglo V al XV es una trayectoria balística en que el hombre disparado hacia el trasmundo divino por la desesperación asciende en ruta cristiana hasta el siglo XIII y luego recae en la tierra que quiso abandonar. Pero si era justificado que resumiésemos en una lección esos diez siglos, ya que lo importante para nuestro fin era percibir lo que en ellos hubo de trayectoria, es decir, de movimiento dialéctico, al acercarnos a la época que yo quiero aclarar con precisión —a 1550— no tenemos más remedio que frenar la marcha. Si no se entiende bien el siglo XV, no se entiende bien nada de lo que ha pasado después.

Ahora bien, el siglo XV es el más complicado y enigmático de toda la historia europea hasta el día. Y no por casualidad ni por extrínsecos motivos, sino precisamente porque es el siglo de la crisis histórica —la única propiamente tal que hasta ahora han sufrido los pueblos nuevos de Occidente, los que surgieron y brotaron de la otra crisis mucho más grave, catastrófica en que sucumbió la cultura antigua.

La complicación peculiar de este siglo proviene de estas dos causas:

1.ª La vida en él —como toda vida en crisis— es dual en su raíz misma: por un lado es persistencia de la vida medieval o, dicho más rigorosamente, supervivencia. Por otro, es germinación oscura de vida nueva. En cada uno de aquellos hombres del *quattrocento* chocan dos movimientos contrapuestos: el hombre medieval cae como el cohete consumido y ya ceniza. Pero en esa ceniza descendente, inerte, irrumpe un nuevo cohete recién disparado y ascendente, puro vigor cenital, puro fuego —el principio enérgico aunque confuso de un nuevo vivir, del vivir moderno. El choque entre lo muerto y lo vivo que en el aire se produce da lugar a las combinaciones más varias pero todas inestables e insuficientes.

Como he dicho, el hombre es siempre un venir de algo y un ir a otro algo. Pero en las épocas de crisis esta dualidad se convierte en esencial conflicto, porque aquello de donde se viene y aquello donde se va son perfectas antítesis, no como en el cambio normal donde el ayer y el mañana son estaciones diferentes en una misma dirección, son modos diferentes de una misma actitud radical.

Este hombre del XV es, pues, constitucionalmente antítesis o, lo que es igual, es en todo instante lo contrario de sí mismo.

Ya saben ustedes lo que para mí significa sustancialmente el hombre: no un alma y un cuerpo con sus caracteres peculiares psíquicos y físicos, sino un determinado drama, una precisa tarea vital. Los caracteres psicológicos y corporales son secundarios y no hacen más que modular diversamente el argumento del drama. El hombre es, por ejemplo, ante todo Hamlet y sólo después, secundariamente, la serie de actores con cara y temple diversos que lo representan. De este modo queda la historia objetivada y deja de ser una serie de chismes sobre el carácter bueno o malo de Fulano y Zutano. También deja de ser otra cosa, la más lucida hoy, lo que hoy aprecian más los mejores historiadores y de que luego hablaremos de pasada con motivo del libro sin duda mejor y en sus límites realmente óptimo que hay sobre el siglo XV: *El Otoño de la Edad Media*, del holandés Huizinga.

Este hombre, pues, del siglo XV está perdido en sí mismo, es decir, desarraigado de un sistema de convicciones y aún no instalado en otro, por tanto, sin tierra firme en que apoyarse y ser, sin quicio, sin autenticidad genérica. Exactamente como hoy está el hombre. Aún cree en el mundo medieval, es decir, en el trasmundo sobrenatural de Dios, pero cree sin fe viva. Su fe es ya habitual, inerte: lo cual, bien entendido, no quiere decir que fuese insincera. Ya analizaremos esto un poco, porque entenderlo es decisivo para entender al hombre moderno y aun al contemporáneo. Pero junto a esa fe consuetudinaria en lo sobrenatural, siente una confianza nueva en este mundo y en sí mismo. Empiezan a interesarle las cosas, las tareas sociales, los hombres, en suma, la naturaleza por sí misma. Las almas miran a la vez a uno y otro mundo, disociadas entre ambos; es decir, bizquean. Vitalmente casi todos los hombres representativos de este siglo son bizcos. Y experimentamos ante ellos la peculiar desorientación en que solemos hallarnos ante un bizco, porque no sabemos bien a dónde mira.

Su posición con respecto a aquello de donde viene es clara, porque el cristianismo puro se ha agotado, ha dado de sí cuanto podía dar y el rebrote de la Reforma no va a ser un avance, una nueva fórmula del cristianismo medieval, sino algo ya mundano, moderno. En cambio, no vemos clara la posición de este hombre ante la naturaleza, ante el mundo, por la sencilla razón de que él mismo no sabe aún qué hacer con su circunstancia mundanal, aún no tiene cuajado un sistema de creencias precisas respecto a él. Tiene sólo claro el afán y la ilusión de y por este mundo, está ya movilizado hacia una cultura cismundana; es como una flecha en camino hacia su blanco. De aquí que todas las actitudes de este siglo en lo que tienen de innovación sólo se entienden si recorremos constantemente la trayectoria entera hasta 1600, en que aparecen maduras, aristadas, definidas. Concretamente dicho: en todo el siglo XV no hay tal vez un solo pensamiento que haya merecido quedar estabilizado en el repertorio humano de lo claro y logrado. Todos son barruntos, entrevisiones torpes, amagos, tendencias, ensayos; en suma, transición. En la ideología de Galileo y Descartes la humanidad ha podido sentarse porque se componía de pensamientos plenamente pensados. En la ideología del siglo XV esto fue imposible porque se trataba de pensamientos embrionarios, móviles ellos mismos, en ruta hacia su futura perfección.

La otra causa que hace tan complicado el estudio de este siglo es conexa con la expuesta.

Al ser una época no de instalación en un mundo, sino de éxodo, de peregrinación hacia uno nuevo aún no alcanzado, los diferentes pueblos que forman la gran convivencia histórica de Europa se hallaban en distintos tramos del camino, unos aventajados, otros zagueros.

Nótese que para los efectos históricos tiene en cada época la tierra una configuración diferente, quiero decir, que las distintas porciones del planeta se articulan en un como organismo topográfico siempre diferente. Ciertos territorios actúan como vísceras de la vida general del tiempo, mientras los otros son mera periferia, músculo o tejido adiposo.

Así en el XV vemos destacarse tres pueblos que representan ese papel de vísceras, de estaciones emisoras de soluciones a los problemas que la circunstancia general europea planteaba: son y en este orden: Italia, los Países Bajos, España.

Italia es la porción de Europa más avanzada en la evolución intelectual y sentimental: en cierto modo, está ya casi fuera del círculo ideológico medieval. Los Países Bajos representan el máximo avance en el orden religioso que establece una continuidad entre lo medieval y el modo nuevo de la vida. España, ni religiosa ni intelectual ni sentimental o estéticamente estaba muy adelante. En estos órdenes se hallaba inclusive detrás de Francia que, sin embargo, no cuenta. Pero hay una dimensión, una sola de la vida en que había logrado madurez mayor que todos los demás pueblos de Europa: la política. Si de los Países Bajos va a derramarse sobre el continente la semilla de la religión moderna y de Italia los gérmenes de la ciencia nueva, de España saldrá el invento moderno del Estado.

Con toda esta complicación deben ustedes contar en el ensayo que voy a hacer hoy y el próximo y último jueves de este curso para dar una idea de la forma de la vida en el *quattrocento*. Precisamente en épocas como éstas es donde resulta ineludible, si se quieren apretar un poco las cosas, proceder por generaciones. Yo no puedo ahora intentarlo, pero hago constar que jamás se conocerá bien este siglo mientras no se le aplique con rigor ese método. Lo propio acontece con el siglo I antes de Cristo y los siguientes. Por algo los historiadores del cristianismo y exégetas del Nuevo Testamento no han tenido otro remedio y, en verdad, sin darse cuenta de que lo hacían, sino disponer su investigación por generaciones, distinguiendo muy bien entre la de los Apóstoles y las siguientes.

Imaginémonos que hemos nacido en torno a 1400. ¿Cómo se presenta para nosotros el asunto que es vivir? Creemos en la religión cristiana, es decir, creemos que nuestra vida depende en definitiva de un ser infinito que exige de nosotros durante nuestro breve paso por este mundo un determinado comportamiento intelectual y moral o, lo que es igual, tenemos que pensar ciertas cosas y cumplir ciertos actos u omitir otros. El repertorio de eso que tenemos que pensar sobre Dios y eso que tenemos que hacer u omitir no podemos averiguarlo por nuestra cuenta y medios. No es cuestión de razonamiento. Dios lo ha revelado a la Iglesia. Los dogmas y los mandamientos son absurdos, pero son un hecho bruto con que tenemos que contar. Contar con esos hechos irracionales, aceptarlos cuanto más absurdos nos parezcan, eso es la fe para nosotros que hemos estudiado en las cátedras de los ockamistas, los cuales van a subrayar más radicalmente que en ninguna otra época del cristianismo el *credo quia absurdum*. Con los dogmas, pues, y los mandamientos no tenemos nada que hacer, sino reconocerlos como se reconocen los hechos nudos. Nuestra fe es, pues, muy distinta de la de San Agustín, San Anselmo y Santo Tomás. Nosotros somos —fíjense ustedes—, somos en cuestiones de fe, positivistas. La Iglesia dice que hay que creer o hacer tal cosa como *de fide*, y no hay más que hablar. Todo lo sobrenatural es irracional, porque Dios es una potencia absoluta que no se somete a nada salvo a no hacer lo que es en sí mismo contradictorio. Otra cosa sería racionalizar a Dios y la razón es cosa puramente humana. Así, por ejemplo —no se me asusten ustedes—, así, por ejemplo, Dios podía muy bien tomar la forma de un asno, porque ser asno no es, como ser cuadrado redondo, una contradicción. El maestro de nuestros profesores, el genial Ockam, aunque con protestas de muchos, lo había sostenido textualmente en su *Centiloquium theologicum*: *Non includit contradictionem Deum assumere naturam asininam*. Y sería —conste— una gran tontería creer que Ockam no era un sincerísimo cristiano. Claro es que si aquello es posible, no lo será menos *quod ignis de potentia Dei absoluta potest recipere frigiditatem*.

Esto quiere decir que, salvo lo contradictorio, todo, todo es posible si se piensa en absoluto o, lo que es igual, que para existir lo que existe y ser como parece ser, no hay ninguna razón absoluta. Eso que llamamos la naturaleza —los movimientos de los astros, la tierra, nosotros— es una pura contingencia: podía no existir y podía, aun existiendo, ser de otra manera. Si tomamos las cosas en absoluto reconoceremos que nuestro pie no pisa en nada últimamente firme. Nuestra única firmeza es confiar en Dios, confiar sin pretender conocer su ser ni sus designios. Fe es eso: fiducia, confianza en una persona, no creencia evidente en que dos y dos son cuatro, que es confianza en la firmeza de una cosa; la nuestra en Dios es una confianza en bloque que no nos da confianza ninguna respecto a nada concreto. Éste es nuestro positivismo religioso. Sea lo que Dios quiera, porque Dios es eso: querer, voluntad omnímoda.

Esta renuncia, desde luego, a nada absoluto en el orden de la realidad da a nuestra vida un estrato básico de resignación. Nuestra fe es un poco triste, cuando menos melancólica. Es el siglo de los melancólicos. Cuando en Italia algunos se entusiasman y hasta se ponen exaltados por cosas de este mundo, si miramos bien descubriremos tras ese fuego de primer plano un fondo de alma melancólico, en el cual acaban por recaer. Lorenzo el Magnífico acabará así. Y fue el hombre del rumbo, del festival perpetuo, de los *triomphi*.

Si lo absoluto es absoluta arbitrariedad, irracionalidad, ¿qué es, entonces, esta realidad que hay —la tierra, los astros, sus movimientos, la mente humana? Pues eso que hemos dicho: todo eso existe y es como es sencillamente porque Dios ha querido. Igual que los dogmas, Dios pudo revelarnos otros dogmas opuestos a los que de hecho ha revelado. El *credo* como la realidad natural son decretos divinos siempre susceptibles de ser abolidos. La realidad, pues, no es sino la contracción de la potencia absoluta de Dios a *potentia ordinata*: Dios pudo hacer cualquiera realidad, pero de hecho ha fabricado ésta. También frente a este mundo nos encontramos, pues, en una actitud positivista. Santo Tomás y San Buenaventura, como estaban en la creencia de que Dios es en buena parte inteligible porque es racional, podían pretender deducir las cosas de este mundo, su peculiar figura y comportamiento de los atributos divinos. Pero, ahí está, nosotros nos hallamos en una creencia opuesta y nos parece que Santo Tomás y San Buenaventura padecieron una ilusión. Nosotros estamos ciertos de que Dios ha hecho el mundo, pero ahí acaba todo, porque, al mismo tiempo, estamos ciertos de que no lo ha hecho por ninguna razón. Esto de la razón es ya cosa creada, humana y un instrumento que poseemos para habérnoslas con la naturaleza, no con la sobrenaturaleza. Empezamos, pues, a sospechar vagamente algo tremendo que los siglos anteriores no entrevieron: que es preciso explicar las cosas del mundo desde dentro de lo mundano y separar radicalmente la fe y la razón, éste y el otro mundo. El hombre empieza a vivir con cuenta doble: ya no puede ser sólo cristiano. Dios, precisamente porque es Dios, no nos sirve para andar por el mundo. Éste, en cambio, al cobrar esta súbita independencia cobra nuevo atractivo: el de tener su secreto propio y aparte del secreto divino.

¡Qué poco se parece, en vista de esto, nuestra existencia a la de un puro cristiano, aquellos cristianos primitivos que se llamaban a sí mismos «los santos»! Santidad no es sino una forma de vida: consiste en que toda esta vida es vivida como si fuera ya la otra. ¿Cómo? Muy sencillo: no nos ocuparemos en cosa alguna tomándola en serio, es decir, por ella misma, sino que nuestra ocupación con esto o con lo otro será tomada como mcro prctcxto para ocuparnos con Dios. Reducimos nuestra existencia a trato con Él. Con lo demás no tratamos directamente. Sentimos un dolor y en cuanto no más que hombres tendríamos que ocuparnos en serio con él en la forma que solemos llamar sufrimiento. El dolor es entonces una cosa negativa. Pero si en vez de tomarlo en serio como algo sustantivo y por sí, lo tomamos como algo que Dios nos envía, lo habremos transmutado, transfigurado en algo positivo y el sufrirlo será una realidad gozosa, y en la entraña acre del dolor brotará, inesperado, un hilillo de delicia.

El santo vive esta vida desde Dios y cara a Dios, esto es, partiendo del punto de vista divino va a las cosas y vuelve con ellas a Dios. Es un viaje circular, de ida y vuelta a Dios. La vida circular del santo es sólo tangente a las cosas: las toca en un punto, pero no se suma a ellas, no es cogido por ellas. Mas nosotros, si bien seguimos viviendo desde Dios, lo hacemos cara a este mundo y sin viaje de vuelta. Venimos de Dios, pero éste queda a nuestra espalda, como el fondo habitual del paisaje: mas a lo que atendemos propiamente es a lo terrenal.

Ya no podemos llenar nuestra vida ocupándonos con Dios, porque hemos llegado a la creencia de que Dios es inasequible directamente, es el más allá como tal, es lo que hay tras el horizonte, ese perfil de la remota serranía que cierra nuestro paisaje, cuyo papel es estar ahí al fondo, pero que por lo mismo es donde no vamos nunca. Vamos aquí o allá dentro de nuestro horizonte, pero no al más allá, que entonces dejaría de ser más allá.

Me esfuerzo denodada, aunque acaso vanamente, por precisar la compleja actitud religiosa de este hombre cuatrocentista, la estructura de cuya vida quisiéramos ahora revivir.

Consecuencia de esa actitud es que el hombre en este positivismo religioso se desinterese de los dogmas. Y, en efecto, en el siglo XV nadie se ocupa de teología dogmática. Se ha secado su fuente. Ya no volverá a manar hasta un siglo después de la Reforma y la reacción contra ésta en el Concilio de Trento. Ahora bien, fíjense ustedes que esa teología es la ocupación con el ser divino, con su esencia, atributos, misterios constituyentes. Eso es lo que ha preocupado desde San Agustín hasta el siglo XIV. Mas ahora la religión va a consistir en una cosa muy curiosa. Una expresión afortunadísima va a descubrirnos el secreto de esta nueva forma de santidad que ya es una forma intramundana de la santidad, de una religión que no va a ser teología, dogma, en suma, fe viva, sino conducta en el mundo como tal. La expresión es ésta: Imitación de Cristo. ¡Ah!, la vida que consiste en imitar a Cristo, 1.°, se desinteresa de si Dios es de éste o del otro modo, en su propio ser, en su más allá. 2.°, de la Trinidad segrega una sola persona: Cristo. 3.°, de

Cristo toma, no lo que tiene de persona trinitaria, sino lo que tiene de hombre ejemplar. He aquí, por qué curioso escamoteo, hemos llegado a una forma de religión en que, si se me entiende bien, hemos secularizado el cristiano, subrayando de Dios su única vertiente humana intramundana. No es, conste, que el hombre se vaya fuera del cristianismo: es lo contrario, que el hombre trae el cristianismo al punto de vista y de acción humano. Por eso he hablado de secularización. Y, en efecto, *ipso facto* surge en toda Europa un enérgico desdén religioso —nótenlo bien, ¡religioso!— contra la antigua figura de la santidad, de la vida perfecta, a saber: contra los frailes y, en general, eclesiásticos. La nueva religión que ha inspirado a Tomás de Kempis comenzó por ser laica y de laicos, quiero decir, de seglares, seculares —los llamados «Hermanos de la vida común», de Deventer, en Holanda, que derramaron su influjo sobre Alemania y Francia y fueron germen de la Reforma. Ésta es la *devotio moderna*. En efectividad, Dios es para ellos ante todo el hombre Cristo —que ni siquiera es sacerdote. Y lo más notable del caso es que el título primitivo de la *Imitación de Cristo* era: *De contemptu mundi*.

Nada como esto —y por eso he empezado con ello— puede darnos una idea más aguda de que la vida va a cambiar su centro de gravitación; no es ya que frente a la religión se afirme el mundo y esta vida, sino que el mundo, en su especie de vida humana, se mete en la religión y la absorbe. La vida antigua fue cosmocéntrica; la medieval, teocéntrica; la moderna, antropocéntrica. ¿Y la que viene? —me preguntan ustedes ahora, sin mover los labios, pero de modo tal que yo lo oigo desde aquí. Con todas las reservas y modestias que asunto tan grave recomienda, no les oculto que creo saber muy bien cómo va a ser la vida que viene..., pero no se lo digo a ustedes ahora. Quedemos citados para el año que viene. Si verdaderamente les interesa a ustedes saberlo y no se trata de una curiosidad frívola, no les parecerá excesiva la espera.

Prosigo.

La religión de todo el siglo XV se nos ha hecho devoción —nada más. El seglar, el hombre que vive en el mundo está asqueado, aburrido de frailes y eclesiásticos. Quiere tratar con Dios a su modo y como su modo es mundano, consistirá no más que en cierto ascetismo y pulcritud de conducta, en oraciones, en meditaciones muy sencillas de contenido, pero que mantienen el alma en un como permanente enternecimiento. Es una religión sensiblera —en rigor, es cuando se inventa la beatería, desconocida de la Edad Media. El seglar, aun dentro del circuito religioso, se subleva contra el clérigo, contra el teólogo sabio. Desprecia la sabiduría: no es necesaria la *altitudo intellectus neque profunditas mysteriorum Dei* —dice la *Imitación*, IV, 18— *beata simplicitas quae difficiles quaestionum relinquit vias et plana ac firma pergit semita mandatorum Dei*. Simplicidad ante todo. El hombre se ahogaba en la selva teológica y eclesiástica —*sacra ignorantia*, repiten una y otra vez estos laicos devotos. Y como deciden ser ignorantes, no necesitan de los clérigos como intermediarios en su trato con Dios. Es más se fundan conventos para imitar a los seglares de Deventer. Y el prior del convento que más influyó en el siglo XV —Windeshein— adoptará como nombre Juan No Sé. «Religión del alma» —buscamos—, no del intelecto. Queremos llorar. Y, en efecto, es el siglo de las lágrimas. Todo el mundo tiene los ojos blandos y se pasa la vida saboreando la acidez del líquido lacrimado. En resumen: el dogma que es el más allá divino no interesa, se busca la lágrima, el estado emotivo que es de este mundo.

Habría sido para escuchado lo que San Agustín hubiera dicho ante esta *devotio moderna*, él que era una especie de fiera de Dios. Lo más suave habría sido esto: «Eso es más una moral que una fe».

Siglo de la mística, pero no creadora, sino que da vueltas y vueltas a la antigua.

El nuevo místico —como los nuestros— habla poco de Dios, sólo de los estados espirituales y aun corporales de sí mismo mientras se ocupa con Dios.

Se llega a amancramientos extremos. «A la mesa, Susón —refiere Huizinga— solía, al comer una manzana, cortarla en cuatro partes, comiendo tres en nombre de la Santísima Trinidad y la cuarta en conmovido recuerdo de cuando la Madre celestial dio a comer una manzana al tierno niñito Jesús —*irem zarten kindlein Jesus*. Y comía esta cuarta parte con piel, porque los niños pequeños gustan de comer las manzanas sin pelar. En los días siguientes a Nochebuena —o sea, en el tiempo durante el cual el Niño Jesús era todavía demasiado pequeño para comer manzanas— no comía el cuarto trozo, sino que lo ofrecía a María para que ésta se lo diese luego a su Hijo. Lo que bebía lo tomaba en cinco tragos, para conmemorar las cinco llagas del Señor; pero como del costado de Cristo había fluido sangre y agua, dividirá en dos el quinto trago», etcétera, etcétera.

A tal punto llegó el amaneramiento mundanizante de la religión.

Mientras tanto, los frailes no se ocupaban apenas de nada divino. Su desprestigio es universal. Un cronista del tiempo,

personaje, por lo demás, piadoso, Molinet, en una felicita-
ción de año nuevo dirá:

> *Prions Dieu que les Jacobins*
> *Puissent manger les Augustins*
> *Et les Carmes soient pendus*
> *Des cordes des Frères Mineurs.*

Todo esto es el puro cristianismo medieval que se viene a
tierra. ¿No es ésa la situación religiosa del hombre moderno?
Dios, al fondo.

LECCIÓN XII

RENACIMIENTO Y RETORNO

Era, por muchas razones, necesario poner bien de manifiesto que en el siglo XV experimenta la forma del humano vivir un cambio radicalísimo, aunque, por lo pronto, las manifestaciones de ese cambio son todo menos radicales, son tenuísimas y parecen sólo diferencias de matiz. El cambio radical consiste en que hacia 1400 el hombre deja de estar en el cristianismo. La estructura de su vida no es ya la estructura rigorosa de estar en la fe cristiana. Por vez primera en la evolución del destino europeo se advierte que la situación del hombre consiste en venir ya del cristianismo, en vez de estar en él. Y como todo aquello de donde se viene, queda a nuestra espalda. Este hombre del XV, como en forma mucho más acusada nosotros, ha sido cristiano. ¿Significa esto que lo haya dejado de ser? En modo alguno. ¿Lo que hemos sido ayer o anteayer lo hemos dejado en absoluto de ser, no pertenece a nuestra consistencia actual? Claro que pertenece, claro que seguimos siéndolo, pero precisamente en el modo del «sido». Lo que ayer fuimos ahormó y dio un cierto gálibo a nuestro ser. Cuando el contenido de ayer se volatiliza queda en nosotros, indeleble, la horma, el gálibo. Una vez más repito que el pasado continúa en el presente, forma parte de él. El hombre europeo ha sido cristiano, como ha sido platónico, como ha sido estoico, como ha sido gobernante romano, como ha sido paleolítico, y todo esto que ha sido sigue siéndolo en el modo de ingrediente abstracto de su actualidad. La prueba de ello es que si al hombre le hubiese faltado la experiencia radical del cristianismo, sería hoy muy distinto del que es. Tal es la inexorabilidad del preciso destino que en la historia concreta ha sufrido el hombre. Pudo ese destino ser otro, pero ahí está, fue ése, precisamente ése y en esto consiste lo interesante, lo dramático, lo imprescindible del estudio de la historia. Al bajar al pasado no hacemos sino descender a los sótanos de nuestra propia actualidad. Cada componente de nuestro ser tiene una fecha en que se produjo. Por eso me importaba mostrar cómo data del siglo XV una faceta aún plenamente viva de nuestro ser: tener cristianos a nuestras espaldas, ser cristianos en el modo de haberlo ya sido y venir de la fe. Entonces se constituye la vida humana en una dualidad de raíz que ha sido la desdicha y la impureza esencial de la Edad Moderna, que aún no ha sido ni mucho menos eliminada en nosotros: se vive por partida doble, de la fe y de la razón, a sabiendas de que son principios antagónicos. Y para la dimensión profunda de la realidad histórica a que ahora me refiero, es indiferente la distinción actual entre cristiano y ateo. El cristiano de la Edad Moderna y Contemporánea tiene, quiera o no, que ser también racionalista y naturalista, cualesquiera sean los subterfugios y sutilezas —hablo sólo de las leales y honestas— de que se valga para cohonestar en su intimidad la supervivencia de la fe. Y viceversa: el ateo moderno y contemporáneo tiene una zona decisiva de su vida a la cual no llega la razón ni el naturalismo: ve esa zona, la siente, la lleva en sí, aunque luche por negarla y cegarse para ella. Es decir, cree sin contenido concreto de creencia, vive una fe deshabitada y en hueco.

Conviene, pues, distinguir entre el «estar en algo» y el serlo. Somos muchas cosas y, sin embargo, sólo estamos, sólo gravitamos hacia algunas. Y a veces, aquello en que estamos no es ni siquiera lo que más sustantivamente somos. Por ejemplo, es indiscutible que hoy el hombre *está* en la economía y la política. Sin embargo, hace muchos años escribía ya que, después de una etapa de obsesa ocupación con lo económico y lo político, descubriría de pronto que ambas son ocupaciones de segundo orden, lo cual no quiere decir que sean excusables y que haber estado de tal suerte en ellas había sido no sólo un craso error objetivo, sino subjetivamente falso, que había estado en esas ocupaciones sin la conciencia limpia, inauténticamente. Ya estamos en la etapa de obsesión, ahora falta que el resto del pronóstico se cumpla.

Esta dualidad y disensión íntima entre la razón y la fe nos es tan habitual —a unos y a otros, a católicos e irreligiosos—, estamos de modo tan nativo sumergidos en ella que no la percibimos claramente. Hasta el punto de que ella es quien nos impide, sin un costosísimo esfuerzo para comprenderla, colocarnos en la posición del puro hombre medieval, del puro cristiano cuya vida era en su raíz unitaria. Y, per- dóneseme, pero no admito que me venga el católico de nuestro tiempo con aire petulante diciendo que a él no le cuesta ningún trabajo, porque él sigue siendo el hombre medieval. Eso es completamente falso cuando se miran las cosas con alguna precisión y claridad. Por supuesto, como ustedes saben, yo, que no soy católico, no tengo un solo pelo de anticlerical, y creo que ser anticlerical es una de las mayores pruebas de modestia que hoy un hombre pueda dar —porque hoy anticlerical es sólo el que no puede ser otra cosa, es una manifestación de íntima incultura, es de- cir, de inactualidad, como otra cualquiera; por ejemplo, como ser clerical.

Pero a lo que voy: el católico de la hora presente, con todo su ferviente catolicismo, está alojado en el mundo ac- tual, en la posición naturalista, y este alojamiento no es un extrínseco pasar en ese mundo, sino que consiste en ser ese mundo, en llevarlo en sí, quiérase o no. El católico es soste- nido vitalmente, llevado por esa posición naturalista lo mis- mo que su enemigo —con sólo diferencias en el más y el me- nos, a fuer de tales meros accidentes. Usa de esa posición constantemente, habita en el racionalismo, está en él; lo que pasa es que emplea una parte de sí mismo en negarlo y combatirlo. Uno que está dentro de una casa, cobijado en ella, puede entretenerse en dar golpes de pico en las pa- redes para derribarlas, pero no por eso deja de estar den- tro de ella.

El experimento mental que habría que hacer para com- prender la situación del catolicismo y, en general, del cris- tianismo en nuestra época es imaginar en serio que el catolicismo tuviese de pronto y de verdad que tomar en peso, como posición radical y exclusiva, la humanidad de hoy. Pero acaece lo contrario: está en la oposición, que es siempre cómoda, y consiste en tomar lo que conviene en cada hora e irresponsabilizarse del resto. ¡Ah!, no; el catolicismo en nuestro experimento imaginario tendría, por ejemplo, que sostener *todas* las ciencias actuales, todas y, nótese, las ciencias —no los discursos anticlericales a los cuales es misérrimamente fácil contestar.

No coceemos contra el destino: es inútil. El del hombre moderno y contemporáneo consiste, entre otras cosas, en arrastrar esa dualidad íntima y tener que atender al doble y opuesto imperativo de la fe y la razón.

Hace pocos días, un ministro socialista pronunciaba un discurso en Oviedo, donde por motivos biográficos resume la trayectoria de su vida. En él encuentro este texto que cito, como he citado textos del siglo XV o del XIII: «La legión socialista, esta nuestra, cada día en mayor cohesión por ese nuevo espíritu religioso, casi ya tan fuerte como el cristianismo, que se llama solidaridad obrera». ¿Cómo es que este trozo —cualquiera que sea la exactitud o inexactitud del hecho que afirma—, este trozo con su exaltación tan de epístola a los corintios surge por escotillón en el discurso de este hombre tan denodada y ruidosamente ateo? ¿Qué falta le hace religión y emparejamientos con el cristianismo? ¿Por qué no le basta con la economía política y el socialismo? ¿Por qué estirar éste hasta hacer de él algo religioso?

Y, sin embargo, fuera un error creer que se trata de pura retórica, aunque claro es que es también retórica. No es pura retórica y el que lea el primer párrafo emocionado de este discurso, no sólo descubre que no lo es, sino que encuentra una confirmación ejemplar de mi tesis. Refiere, en efecto, cómo niño se encontró en los barrios proletarios de Bilbao: «Y allí, en ese ambiente, se fue formando mi espíritu y, repasando los tristísimos recuerdos de una infancia desvalida, me hice, no sé si de pronto o lentamente, como se constituyeron las formaciones espirituales más recias, me hice el propósito, *me tracé el designio de servir de por vida a todos los desvalidos*, a todos los humildes, a todos los miserables, entre los cuales me encontraba y con los cuales tuve siempre fuertes lazos espirituales».

Señores, quiera o no el ministro socialista, eso es esencial cristianismo —es cristianismo en hueco. Si no hubiera habido cristianismo, no se le habría ocurrido a este hombre dedicar su vida a algo. He ahí lo fundamental de la experiencia cristiana del hombre: todo lo demás es secundario, casi anecdótico al lado de eso. Descubrir, caer en la cuenta de que la vida en su última sustancia consiste en tener que ser dedicada a algo, no en ocuparse de esto o de lo otro dentro de la vida, que eso sería lo contrario, meter en la vida algo que se considera valioso, sino tomar en vilo nuestra existencia entera y entregarla a algo, de-dicarla..., ésa es la averiguación fundamental del cristianismo, lo que indeleblemente ha puesto en la historia, es decir, en el hombre. El hombre antiguo ignoraba eso: para él, en el mejor caso, la vida recta consistía en aguantar con dignidad los golpes de la fortuna —esto era en su mejor extremo el estoicismo: la vida como aguantar, el *sustine* de Séneca. Pero desde el cristianismo el hombre, por ateo que sea, sabe, ve, no ya que la vida humana debe ser entrega de sí misma, vida como misión premeditada y destino interior —todo lo contrario que aguante de un externo destino— sino que lo es, queramos o no. Díganme ustedes qué otra cosa significa la frase tan repetida en el Nuevo Testamento y como casi todo el Nuevo Testamento tan paradójica: «el que pierde su vida es el que la gana». Es decir, da tu vida, enajénala, entrégala, entonces es verdaderamente tuya, la has asegurado, ganado, salvado.

Y esta concepción de la vida como dedicación de sí misma a algo, como misión y no simplemente como uso discreto de algo que nos hubiesen regalado y dado ya hecho, tiene un reverso: que entonces la vida es en su propia esencia responsabilidad de sí misma. ¿Quién sino el cristianismo ha hecho este descubrimiento de la vida como consistiendo en responsabilidad?

No se diga que he hablado de política; he hecho todo lo contrario: de un discurso político que, como casi todos los de nuestra época, es un poco chabacano y ridículo, he tomado unos párrafos y he procurado lealmente ennoblecerlos extrayéndoles su arcana medula ultrapolítica.

He tomado ese ejemplo como podía haber tomado otro cualquiera de nuestro tiempo, pero era menester hacerlo para que su mismo carácter de vulgar actualidad periodística sirviese de expresión hiriente a esa posición extraña en que el hombre se halla colocado desde el siglo XV. Se comprende que en ella han tenido que variar enormemente las cosas durante estos cinco siglos, pero ya es de sobra elocuente que baste cerrar la mano en el aire de hoy para que quede prisionero en el puño algún hecho que perpetúa ese modo de ser cristiano cuando ya no se es.

Y durante esos cinco siglos asistimos a un constante empeño por llenar con algo que no sea cristianismo el hueco de él: en el mismo *quattrocento* se inicia ya lo que había de llamarse la religión natural. El propio Cusano la insinúa. A su juicio, los credos de las diferentes religiones son, en última instancia, igualmente verdaderos. Dios es inasequible —hizo un libro, *De deo abscondito*— y nuestras ideas de él son vistas que de él tomamos, consistentes en que proyectamos sobre él nuestra peculiaridad. Por debajo de las religiones diferentes corre la unidad de una religión natural. De aquí que llegue a decir: *Ego ingenium applicui ut etiam ex Alchoran evangelium verum ostenderem. Cribatio Alchorani —Prologum.* Cusano representa los comienzos del siglo —nace en 1401. Esa vena de tolerancia casi dieciochesca no hará sino engrosar en las generaciones posteriores hasta el protestantismo que la detiene. La forma extrema de ella, el *Colloquium heptaplomeres* de Bodino, será ya una obra nefanda que no pudo publicarse. Por cierto que en el diálogo es un español —Torralba— el encargado de representar la máxima tolerancia religiosa.

El deísmo del siglo XVII es otro ensayo para henchir el espacio del alma europea que dejó en hueco el cristianismo al evaporarse. El XIX intentó teologizar la cultura. Veremos qué intenta el nuestro o si el nuestro intenta, con una nueva creación, superar esa dualidad radical de la vida moderna que tanto me importaba subrayar.

Precisamente porque quería mostrar cómo en el siglo XV deja el hombre de estar en el cristianismo como lo había estado durante la Edad Media, dediqué la lección anterior a describir exclusivamente la forma más sincera y honda de piedad de que era capaz el tiempo. Y vimos cómo aún esa *devotio moderna* era ya una mundanización de la fe, era vivir desde Dios, pero cara al mundo. Por uno u otro camino,

aun sin salirnos del lado formalmente religioso de estos siglos XV, XVI y XVII, veríamos que siempre se va a lo mismo
y en proporción creciente: siempre se acaba por afirmar
este mundo. Y ello resulta tanto más curioso cuanto la intención parece tanto más contraria. Así, lo que separa a
Lutero de la Iglesia es el carácter mundano de ésta: por eso
rechaza la vida eclesiástica como verdadera vida cristiana y
en su lugar afirma el carácter formalmente religioso de la
vida seglar y sus mundanos quehaceres bajo la especie de
trabajo y profesión. Servimos a Dios precisamente cuando
servimos a este mundo, en el oficio y vocación en que Dios
nos ha puesto.

Y el enemigo del protestantismo, San Ignacio de Loyola,
creará para combatirlo una Orden al revés que las tradicionales. Éstas se proponían llevar al hombre de esta vida a la
otra por el camino más corto. Su disciplina era la palanca
que desencaja al hombre de su encaje y raigambre mundanos. Parten, pues, de esta vida y apuntan a la otra. Los je-
suitas, al revés, parten de la otra vida para ocuparse de
ésta, para batallar en la mundanidad y con preferencia allí
donde lo mundano es más denso —las cortes, las escuelas,
la política. Es la primera Orden moderna y trae todos los
síntomas de la nueva vida cismundana. Por eso, su organización toma como modelo precisamente el instituto más secu-
lar que existe, el más remoto de misticismo: el ejército. La
Compañía de Jesús es un tercio castellano a lo divino. Opuesta al protestantismo coincide con él en el vector de su inspiración, revelando con ello la identidad de época a que pertenecen.

Si ésta era la religión de los hombres dotados de personal
y profunda vocación religiosa, los que por destino indivi-

dual hubieran sido religiosos en cualquier tiempo, imagínense ustedes cómo habían de comportarse en este siglo XV, sobre todo en su segunda mitad, los demás, los que individualmente no eran religiosos. La impresión de sentir el hombre medio por vez primera a su espalda el cristianismo produjo en él el efecto de lanzarlo sobre el mundo con un apetito y una conducta tan profundamente irreligiosos que, sin vacilar, puede considerarse ésta como la etapa más irreligiosa que haya habido en toda la historia europea. Si no se advierte esto y alguna otra cosa que luego diré, reconocerán ustedes que es ininteligible la Roma de los Borgia. No es admisible que el historiador se contente con referirnos aquella apretada urdimbre de crímenes, es menester que nos explique cómo fueron posibles. Pero su etapa más exacerbada corresponde a las postrimerías de este siglo, en que aparecen ya claros los síntomas propios del siguiente. Quede, pues, el tema para cuando nos ocupemos del XVI.

Ahora quisiera yo dejar en la mente de ustedes un esquema brevísimo, pero claro, de las primeras reacciones con que el europeo de 1400 a 1480 responde a esta nueva situación consistente en tener que habérselas con su contorno sin fe viva, por tanto, con solos sus medios humanos. A tales efectos puede dividirse esta centuria de transición en dos tramos: una primera etapa en que perdura el goticismo, y otra en que llega a pleamar el llamado humanismo.

Llamo goticismo *sensu stricto* a lo siguiente: resten ustedes de lo que era el mundo para la Edad Media avanzada cuanto se refiere a Dios —por tanto, teología, mística, piedad— y quédense sólo con lo que procedía del pensamiento en cuanto actividad profana. Eso que queda es lo que llamo goticismo. Consiste, pues, en el mundo medieval mismo: sólo que ahora puesto como independiente de Dios. Hemos visto que esta disección y este dejar abandonado a sí mismo el mundo, amputándole, mejor dicho, incomunicándole con el trasmundo de la fe, fue la obra de los ockamistas. Esta obra no tuvo, por lo pronto, más que un sentido crítico y negativo, ése: mostrar que no es posible deducir el mundo de Dios, sino que este mundo, bien que creado por Dios, es un hecho absoluto y desnudo con que hay que habérselas, y que carece de un principio o razón superior a él que lo explique y fundamente. El ockamismo, pues, por motivos de detalle técnico que no tengo ahora tiempo de exponer, no modifica, por lo pronto, la figura del mundo; simplemente corta radicalmente su relación concreta con Dios. El sentido positivo que tuvo, y que el otro día expuse, no aparece todavía.

¿Y en qué mundo se encuentra teniendo que vivir este hombre que sólo es cristiano de espaldas? O lo que es igual: ¿cuáles son sus creencias sobre este mundo? En fin de cuentas, el mundo que Aristóteles había pensado, sólo que anquilosado y terriblemente complicado. Ahora se ve lo poco que la inspiración cristiana fue aprovechada para la interpretación de las cosas.

Intentemos, como el otro día, revivir por nuestra cuenta aquella situación.

Dentro de ella nos encontramos estando en una creencia, casi la más opuesta que cabe imaginar a la que sostiene y lleva la vida del hombre actual. Hoy se ve la naturaleza como una infinitud de fenómenos que obedecen a unos cuantos, poquísimos principios. La física es hoy una ciencia que casi, casi se deriva toda de un solo principio. Todo el cosmos físico-químico es una realidad única, homogénea, que se reduce en última instancia a masa, gravitación y espacio-tiempo. Para nosotros, que somos ahora imaginariamente hombres de comienzos del XV, la realidad es mucho más complicada. Aun dejando a un lado el trasmundo divino y ateniéndonos sólo a éste, encontramos que se divide en dos radicalmente diferentes: el mundo de los astros, de los cielos y el mundo de la tierra o sublunar. La diferencia entre ambos, repito, no puede ser más radical: el mundo de los astros es inmutable, incorruptible; en el mundo sublunar, en cambio, todo nace, muere, se corrompe. La razón es que este mundo terráqueo y todo en él está hecho con materia, al paso que en el sideral no hay materia, o si la hay es una materia inmutable —el éter. La contraposición de caracteres entre cielo y tierra no para ahí. El movimiento de ambos mundos es de condición contrapuesta. Los astros se mueven perennemente con movimiento circular y uniforme, que es el movimiento perfecto, siempre igual a sí mismo, sin principio ni fin. En la tierra todo movimiento natural es rectilíneo y consiste en un ir de abajo hacia arriba, como el fuego, o de arriba abajo, como la piedra abandonada a sí misma. Cuando las cosas terrenas no se mueven así es que se ha perturbado violentamente su natural moción. Este movimiento rectilíneo de todas las cosas sublunares implica su peculiar finitud, porque tiene que empezar en un punto y acabar en otro, empezar en la superficie de la tierra, por ejemplo, y ascender hasta la región del fuego bajo la esfera donde se mueve la luna. De allí no puede pasar.

Pero esta complicación de dos mundos tan diferentes se multiplica por la interior a cada uno de ellos. El cielo se compone de cincuenta y cinco esferas. Tantas o, en el caso de interpretación más sencilla, pocas menos son necesarias para describir los movimientos de los astros en el sistema heliocéntrico.

Pero si ahora nos preguntamos cuál es la efectiva realidad en todo eso que vemos a nuestro alrededor, sea en los cielos, sea en la tierra, nos encontramos con esta respuesta: lo real son las formas sustanciales, entidades espirituales, es decir, inmateriales, que informan la materia, produciendo con esta combinación las cosas sensibles. Esas formas serán una para cada especie de cosas, como creen los tomistas, o una además para cada individuo de la especie, como creen los escotistas; es decir, que habrá una sola forma «hombre» para todos los hombres, que se multiplica e individualiza al contacto con la materia, o habrá además una forma individual «Pedro», «Juan»; mejor aún, «este Pedro», «este Juan». Lo importante es que esas formas son el principio de los fenómenos, su realidad, y que cada una no tiene nada que ver con las demás; es una realidad, en este sentido, absoluta e independiente, y además inmortal. Nos encontramos, pues, con que el mundo está constituido por una muchedumbre enorme de realidades últimas, indestructibles, invariables e independientes. Pongámonos en el caso menos complicado, que es el sostenido por los tomistas: este perro nace y muere, porque es compuesto de la forma sustancial «perro» y de materia. Pero la forma sustancial «perro», ella por sí, es incorruptible, indestructible y siempre idéntica a sí misma. Una forma no puede cambiarse en otra, y como el mundo consiste principalmente en ellas, tendremos que vivimos en un mundo que no tolera transformación real ninguna. Es como es de una vez para siempre. Siempre habrá perros y caballos y hombres, e irremediablemente idénticos en todo lo esencial a como hoy son.

Y este modo de pensar nos obliga a interpretar análogamente lo social: la sociedad está compuesta de rangos indestructibles. Hay los reyes, los nobles, los guerreros, los sacerdotes, los campesinos, los comerciantes, los artesanos. Todo esto lo hay, lo habrá siempre, sin remedio, indestructiblemente, cada figura social encerrada en sí misma. Como habrá la prostituta y el criminal.

El hombre de hoy está en una creencia opuesta tanto en lo que afecta a la naturaleza material como a la social. Piensa que la realidad es en su esencia misma transformación, y que lo que verdaderamente hay no es el perro, el caballo, el hombre, sino cosas que van a ser aproximadamente perros, para luego dejarlo de ser y convertirse en algo así como caballos o como hombres u otras cosas hasta ahora inexistentes. Así como no cree que los astros son inmutables, sino que están en evolución, se forman, plenifican y sucumben para dar lugar a cielos insospechados, cree también que el ser viviente es puro y constante cambio desde el infusorio hasta el hombre. ¿Hasta el hombre? No, mucho más —porque esta concepción moderna, al hacer consistir la realidad en pura transformación, reconoce que lo que ha habido hasta aquí no es todo lo que habrá. La realidad no está encerrada y reducida a lo pasado y presente, sino que tiene abierta la frontera del porvenir, en el cual será real lo que hasta ahora no lo ha sido aún.

Pero el universo medieval se compone de absolutos. Cada cosa es lo que es y nada más, pero tampoco nada menos, porque es indestructible. Hoy nada es lo que es, sino que está siempre en tránsito a ser de otro modo. Cada cosa puede ser otra cualquiera, todo es un poco todo, estamos en la época de los gatos pardos. Pero en comienzos del XV todavía los mismos estados sociales, los oficios y profesiones son absolutos: hay el obispo y el archidiácono, el canónigo, el pastor, el estudiante, el príncipe, el noble, el caballero, el mercader, el casado, la viuda, la doncella, el religioso. En el libro *De doctrina et regulis vitae christianorum*, de Dionisio el Cartujo, puede verse la definición absoluta y como para lo eterno de todas estas formas de realidad humana con que siempre habrá que contar. Y nótese que el autor es uno de los más próximos al hombre más genial de esta época, que, en rigor, anticipa todo el Renacimiento, al gran Cusano, que anduvo trotando sin descanso por el mundo con dos íntimos a su vera: a un lado, este inenarrable y grafómano Dionisio el Cartujo; al otro, la atractiva figura del español Juan de Segovia, que yo sepa completamente desconocido y por vez primera citado en España en este preciso minuto.

Me parece que es un espléndido ejemplo de lo que he llamado «variaciones de la estructura de la vida humana, del drama que es el vivir». Porque es, evidentemente, una faena bien distinta vivir en un mundo inmutable, donde todo es absoluto, y vivir en un contorno donde, en principio, no hay nada absoluto, todo puede cambiar. Y es no haber comprendido la cuestión decir que, en definitiva, todo se reduce a que el hombre cambia sus ideas sobre las cosas. No: todo lo contrario. Si sólo cambiasen las ideas, como se ha creído hasta aquí, el cambio no sería grave. Pero es que el problema vital que, queramos o no, tiene cada cual que ir resolviendo mientras existe, es sobremanera distinto cuando se está en unas ideas que cuando se está en otras.

Si vivimos en el siglo XIX, como creemos que nada tiene última y absoluta realidad en torno nuestro, que todo es susceptible de cambio —lo material como lo social—, a cualquier dificultad con que tropecemos reaccionaremos procurando transformar a nuestro gusto esa realidad enojosa. En este sentido, el hombre moderno —ya lo veremos con toda precisión cuando caigamos sobre Descartes—, el hombre moderno es en su raíz revolucionario. Y viceversa, mientras el hombre sea revolucionario no es más que hombre moderno, no ha superado la modernidad.

Pero si vivimos en el siglo XV ante una angustia, molestia o conflicto, se nos ocurrirá todo menos transformar la realidad que nos parece lo esencialmente intransformable. ¿Qué haremos, pues? Vean ustedes cómo esta emigración imaginaria, este experimento mental que hacemos al suponernos teniendo que existir hacia 1440, nos pone enérgicamente de manifiesto la diferencia radical de la realidad histórica entonces y ahora.

Y he aquí que en este principio del XV tenemos que vivir en mundo ya demasiado sabido, viejo, recorrido en todos sus rincones, de una complicación pululante que agobia y ahoga. Nada tiene la gracia incitante de la novedad; todo es lo que fue y lo que será, sin remedio, sin esperanza. La Iglesia, el Estado, la Universidad con su ciencia, la vida social, los usos domésticos, los juegos, todo está ritualizado, todo son fórmulas como sacramentales. En este sentido, nuestro problema no es propiamente saber lo que en cada caso tenemos que hacer: la desgracia ahora estriba en lo inverso, que sabemos ya por anticipado lo que tenemos que hacer en cada paso que demos. Para todo hay ya un canon establecido en sus mínimos detalles, que son infinitos. Lo único difícil y lo más desesperante es tener que aprender, que absorber este complicadísimo ritual. Al ir a la Universidad sabemos de antemano que nada nuevo nos va a ser enseñado, pero que tendremos que ingurgitarnos montañas de definiciones, de distinciones, de sutilezas puramente formales. Los ockamistas que protestaban en metafísica de que se multiplicasen sin necesidad los principios o entes, no han hecho sino llevar a un extremo recargado y grotesco la multiplicación de las distinciones en lo que a ellos les interesaba, que era la lógica.

Todo se ha vuelto tópico inerte y complicadísimo: el derecho, la administración, la ciencia, la teología. En vez de ser un claro y sobrio repertorio de soluciones vitales, la cultura se ha hecho abrumadora, se ha hecho mamotreto. El vocablo viene de esta época. Mamotreto no es sino *Mammetrectus*, el nombre de un voluminoso comentario gramatical que pesó sobre la mocedad de los mejores hombres del XV. Erasmo conservó un odio intangible contra él, y en sus diálogos y epístolas amontona burlas y sarcasmos, asegurándole un desprestigio inmortal.

Como ven ustedes, vivir en circunstancia tal es hallarse el hombre entre la espada y la pared. A la espalda, un cristianismo inerte, anquilosado, formulista, sin fe viva. Al frente, un mundo intransformable. Ésta es la dimensión que más hondamente diferencia aquel tiempo de nuestro presente, dimensión que importa acentuar, ya que en tantas otras hemos descubierto una gran semejanza. En el siglo XV, como durante toda la Edad Media, el hombre vive con un horizonte cerrado hacia el lado del futuro. No sólo porque concibe el mundo como una realidad invariable, sino aún más concretamente, porque creía que estaba próximo a su fin.

De aquí la frecuencia con que se conmovía Europa, temiendo para una u otra fecha inmediata la terminación de los tiempos. Dominaba aún la idea antigua de que el destino humano había atravesado las cuatro monarquías universales; con ella se mezcló la interpretación del latino Floro, que aplica a la historia transcurrida las cuatro edades del hombre; por tanto, la vejez al Imperio romano, de que la Europa medieval se consideraba mera continuación. A esto llamo vivir entre la espada y la pared. Sólo en la generación de Bacon, y más radicalmente en la de Descartes —por tanto, entre 1580 y 1620—, la vida humana basculará decisivamente inclinándose del pasado al futuro. El hombre moderno va a orientarse en el porvenir y no como el medio y antiguo en el pretérito. Jorge Manrique expresa el tópico antiguo y medieval; según él, cualquiera tiempo pasado fue mejor. Bacon y Descartes son los primeros que creen radicalmente lo contrario: que el tiempo futuro, no más que por ser futuro, será mejor.

Pero al imaginar el siglo XV tenemos que retraer del porvenir, que está herméticamente cerrado, el impulso de nuestra esperanza y retenernos en el presente. En esta situación sólo caben dos tipos de actitud:

Una, la más vulgar, consistirá en acomodarse en el mundo tradicional, usado, sabido y ver la manera de sacarle gusto exagerándolo, extremando su complicación, creando sobre él una serie de convenciones ceremoniales, ornamentales, simbólicas. En suma, recargándolo, amanerándolo. Éste fue el goticismo, el gótico florido o, como dicen los franceses, *flamboyant*. Puesto que lo sustantivo de la vida no puede cambiar y su constante repetición nos ha embotado para ello, vivamos de añadirle adjetivos, de subrayar lo que ya desde siempre es la realidad. En suma, vivamos como si fueran sustantivos de meros formalismos simbólicos, de una como duplicación de la vida real en un plano de convenciones —lo mismo que se hace en el juego. Se convienen unas reglas y se las toma como si fueran realidades.

Por ejemplo: subrayemos la realidad profesional con trajes gremiales. Es la época de los uniformes que se complace en largas procesiones y cortejos donde cada estado, clase, oficio desfila con su atuendo representativo. Ya que tengan irremediablemente que convivir unos con otros puesto que nada de lo que es se puede de verdad destruir, se gozan en contemplarse espectacularmente dando plástico subrayado exterior a la invisible forma sustancial que es la realidad profunda en cada realidad. El pueblo más modesto aprovecha cualquier pretexto para ostentarse a sí mismo su esencial pluralismo. Cuando Don Juan II va a casar a su hijo con Doña Blanca de Navarra, pasa esta Princesa con su madre la Reina por Briviesca: «Allí —dice la crónica— le estaban fiestas aparejadas e le fue hecho muy solemne recibimiento por todos los de la villa, sacando cada oficio su pendón e su entremés lo mejor que pudieron, con gran gozo y alegría, e después de éstos venían los judíos con la Tora e los moros con el Alcorán», etcétera. Claro que estamos en un humilde pueblo castellano —los pueblos castellanos están, por lo visto, condenados a ser eternamente humildes—, no estamos en las grandes y ricas ciudades del tiempo —en Amberes o en Gante o en Dinant.

Pero nótese: va también el judío con su Biblia y el moro con su Alcorán. Es que todo ser tiene derecho y obligación de ser el que es —el alto y el humilde, el beato y el precito. El judío y el moro son para este hombre realidades con pleno derecho, en su rango y puesto determinado —dentro del jerárquico pluralismo del universo. Lo que no se le ocurriría a un hombre de comienzos de este siglo es suprimir al judío o al moro. Esto se le ocurrió a la generación de los Reyes Católicos —la generación de 1450. ¡Qué casualidad! ¿Quiénes son de esa generación? Fernando nace en 1452, que es justamente cuando nace Leonardo, y en torno a 1462 Erasmo y Maquiavelo. Basta. Es la primera generación moderna. Y, en efecto, la expulsión de judíos y moriscos es una idea típicamente moderna. El moderno cree que puede suprimir realidades y construir el mundo a su gusto en nombre de una idea. En este caso es la idea del Estado que los Reyes Católicos inician. Cometen, pues, un lamentable *quid pro quo* los que hoy expulsan a los judíos en nombre de un retorno a la Edad Media. Los hombres actuales no podemos casi ni comprender la sustancial tolerancia del hombre medieval.

Esta manera de vivir, además de lo real, su duplicación en una fantasmagoría de figuras, símbolos y rituales que la expresan era el único modo que el hombre medio, vulgar, tuvo de enriquecer su existencia, apretado como estaba entre la espada y la pared. La aumenta y modifica —diríamos— verticalmente. Si a nosotros nos parece esto absurdo es porque tenemos aún abierto el porvenir y podemos enriquecer, mejorar, cambiar nuestra vida en la franquía de su dimensión, es decir, horizontalmente.

Pero los hombres mejores de entonces no aceptaban esa solución. La vida presente, formularia, insincera, sobrecargada, no merece, en su sentir, ser afirmada y aceptada. Por otra parte, no cabe una transformación verdadera, una nueva vida. Las formas reales son perennes. Pero sí cabe reducirlas a su pureza originaria, limpiarlas de excrecencias, añadidos, adjetivos. En suma, ya que no se pueda transformar, volvamos a las formas puras. Ésta es la re-forma —a diferencia del espíritu revolucionario—, es el retorno a la forma primitiva. Y esto significan todos los nombres de batalla y de anhelo que entonces corren por los labios mejores: *reformatio*, *restitutio*, *renasci*, *renovatio*. La renovación no es innovación sino, al revés, volver a ser con toda pureza lo que al principio se fue.

Tal es el espíritu con que comienza la reforma religiosa y el humanismo. No son impulsos hacia el futuro, sino todo lo contrario. Cerrado el futuro, forzoso algún cambio, sólo es posible el retorno. Se vuelve a lo antiguo, pero no como se suele repetir, sólo a la cultura greco-romana por ser tal cultura, sino a todo lo primitivo. Ya Petrarca, cuando tocaba el clarín de retorno a lo antiguo, une a los clásicos los Padres de la Iglesia, y Conrado Celtis mezclará la resurrección de griegos y romanos a la del germanismo primitivo y Erasmo se dedicará a editar los Padres de la Iglesia y los libros primeros del cristianismo.

Pero me quedo en el umbral de esta nueva forma de vida reformista y humanista que va a triunfar en la segunda mitad del siglo. No ha habido tiempo.

Otros ensayos

Teoría de las generaciones

Es innegable que en el desarrollo de la vida individual hay no sólo el cambio constante e imperceptible que va adscrito a cada año y si se quiere a cada día sino grandes homogeneidades de esos cambios mínimos que se extienden sobre muchos años y forman las etapas o «edades» de la vida. Hay, en efecto, niñez, juventud, madurez, vejez.

En el individuo, pues, las edades son «zonas de fechas» que, como las fajas del espectro representan la preponderancia de un cierto color, significan el predominio de ciertas opiniones, preferencias y pasiones.

Si ahora consideramos el conjunto de individuos que forman la colectividad en un instante, pasamos de una visión longitudinal y móvil en el tiempo a una visión estática en que las tres edades sucesivas del desarrollo individual nos aparecen simultáneas pero repartidas entre diversos individuos. Las edades significan ahora colectividades parciales dentro de la colectividad total, es decir, que hay los niños, los jóvenes, los hombres maduros y los viejos.

Claro es que los «jóvenes» de una cierta y precisa fecha no tienen todos los mismos *años de edad* sino que se reparten entre todos los años que pertenecen a la *zona de fechas* que es en el individuo la edad.

Esa colectividad integrada por individuos cuyos *años de edad* o edad-año pertenecen a la *edad-zona* o zona de edad es lo que se llama una generación.

Ahora bien, si se considera el desarrollo normal de la vida humana como una longitud de sesenta años vemos que se divide ésta por sí misma y con exuberante normalidad en dos mitades. Los treinta años son la etapa decisiva de la vida: es el comienzo de la madurez y por lo mismo de intervención activa en la historia. La longitud normal de la vida se divide, pues, en treinta años de juventud y treinta de madurez. Treinta años de gestación y treinta de gestión.

La vejez, por su misma esencia, queda fuera de esta vida plenaria: significa propiamente una prolongación de la longitud normal de la vida y colectivamente representa un residuo. La vejez, como clase colectiva de edad, se compone de «los que quedan», los que sobreviven y éste es su papel en la historia: su pervivencia y residuo.

Si atendemos a la extensión de años que corresponda a cada zona de edad notaríamos que flotan indecisivamente sobre la cronología porque *id est* lo que es juventud plena para ciertas actividades no lo es para otras. De aquí que haya variado y seguirá variando el segmento de años de vida atribuido a cada zona de edad, según sea el tipo de actividades que la época subraya con preferencia. Así las cuatro edades del concepto tradicional han sido pensadas y denominadas atendiendo preferentemente al desarrollo corporal de la vida que era en las sociedades primitivas coincidente en sus etapas con los estadios de una vida espiritual elemental.

La periodización de la vida que interesa a la teoría de las generaciones no ha de hacerse desde el punto de vista de la existencia individual sino considerando al hombre como agente histórico y más precisamente como agente de la variación histórica. De aquí que sea decisivo para esa periodización los diversos modos típicos de internar en la historia el hombre según sea su edad.

Y es evidente que la intervención efectiva comienza cuando el hombre llega a los treinta años: todo lo anterior o es etapa de recepción o de fermentación íntima. Sólo a los treinta años llega el hombre a poseer los que pueden considerarse como sus propios modos y consciente de ellos significa su influjo sobre la atmósfera. Pero esta expansión del nuevo modo humano que parece ser cada generación encuentra la atmósfera dominada por ciertos principios vigentes que son los de la generación anterior. Como ésta comenzó su expansión también hacia los treinta años, vemos que en la segunda gran mitad de la vida que va de los treinta a los sesenta es preciso distinguir dos estadios cuyo tipo de intervención histórica es distinto. Un primer período de los treinta a los cuarenta y cinco en que el hombre nuevo lucha por desarrollar e imponer su módulo y un segundo período de otros quince años en que ejerce el predominio y coincide con la atmósfera vigente, mejor dicho, en que él es la atmósfera, lo «constituido». De este modo en la plena actuación histórica se solapan dos generaciones —la que tiene de treinta a cuarenta y cinco con la que tiene de cuarenta y cinco a sesenta. A uno y otro lado quedan bajo el umbral de la intervención *variante* histórica los que «aún no actúan» y los que «ya no actúan» con esa plenitud.

Como la primera mitad de la vida se ofrece también por sí misma a ser dividida sin violencia en dos períodos de quince años —niñez hasta los quince y auténtica juventud hasta los treinta— tendremos que parece ser el período de quince años el que más naturalmente articula el desarrollo vital del hombre en cuanto proyectado sobre al área histórica.

Tendríamos así cinco «edades»: niñez, juventud, expansión (polémica y creación), predominio, vejez.

Pero esto no nos marca también la cifra de quince años como la «zona de fechas» constituyente de una generación. Son pues, de una misma generación todos los que hayan nacido en un período de quince años a repartir por uno y otro lado de la fecha de la generación, esto es, siete años y medio antes y siete años y medio después.

Ahora queda la cuestión de cómo se determina la fecha de cada generación.

Para esto se busca la figura que con mayor evidencia represente los caracteres sustantivos del período. En nuestro caso, no parece discutible que ese hombre es Descartes. Pocas veces un innovador lo ha sido tan decisiva y plenariamente, quiero decir, que haya dado su innovación en forma más madura, consciente de sí misma, en formulación ya perfecta.

Con esto tendremos el «epónimo de la generación decisiva». Logrado lo cual, el resto es obra de automatismo matemático.

A la generación a que pertenezca Descartes llamamos «generación de Descartes». Para fijar la fecha de la generación anotamos la fecha en que Descartes tenía treinta años, o sea 1626[1]. Esa sería la fecha de la «generación decisiva». Luego anotamos a un lado de esa cifra atrás con quince unidades más y al otro con quince menos: serán las fechas de las generaciones y restantes de la época, por tanto: 1611-1626-1641-1656-1671-1686-1701-1596-1581-1566-1551-1536-1521-1506-1491-1476.

Para determinar a qué generación pertenece un hombre bastará tener la fecha de sus treinta años y buscar la fecha de la generación que le es más próxima. Los individuos de esa generación estarán repartidos por la fecha de su nacimiento en siete años y medio antes y siete años y medio después de la del epónimo. O de la que derivada de la generación decisiva corresponda.

Para fijar la generación histórica a que un individuo pertenece es preciso fijar la fecha de la generación pero esto a su vez no puede hacerse sin una «genealogía» o serie de generaciones que a ser posible cubra toda una gran época histórica. El acierto en esta periodización es lo decisivo para que la «idea de las generaciones» sea un problema fértil sobre el cual investigar.

Tal vez convenga iniciar esta investigación estudiando por separado los órdenes distintos de la actividad histórica y ensayar luego su fusión o, cuando menos, articulación.

Si tomamos, por ejemplo, el pensamiento filosófico o el que de las altas ciencias —físico-matemáticas, biología, juris-

1. Lo mismo daría tomar la fecha de su nacimiento pero conviene preferir a la de su nacimiento la plena actuación histórica. De otro modo, al denominar una generación por la fecha de nacimiento habrá que añadirle siempre treinta años más para representársela ya en la arena de la historia.

prudencia, teología—, y nos reducimos a la época moderna conviene buscar la generación más claramente decisiva, que no es todavía precursora ni es ya continuadora sino aquélla que ha definido con plena claridad y posesión las ideas fundamentales de esa época.

Esto acontece con el período que va de 1600 a 1650. Se trata de aislar y fijar dentro de ese período la «generación decisiva».

AÑOS DE NACIMIENTO DE LAS GENERACIONES PARTIENDO DE DESCARTES	
1446	Leonardo de Vinci (1452-1519)
1461	Erasmo (1467-1536) Maquiavelo (1469-1527) Pomponazzi (1462-1524)
1475	Copérnico (1473-1543) Morus (1480-1535) Guicciardini (1483-1540) Lutero (1483-1546)
1491	Vives (1492-1540) Paracelso (1493-1541)
1506	Franck (1499-1542) Cardano (1501-1571) Telesio (1509-1588) Servet (1511-1553)
1521	Petrus Ramus (1515-1572)

1536	Patrizi (1529-1597) Caesalpino (1529-1603) Bodino (1530-1597) Montaigne (1533-1592) Weigel (1533-1588) Charron (1541-1603)
1551	Sánchez (1552-1632) Suárez (1548-1617) Bruno (1548-1600) Stevin (1548-1620) Thycho (1546-1601)
1566	Bacon (1561-1626) Galileo (1564-1642) Campanella (1568-1639) Kepler (1571-1630)
1581	Hugo Grocio (1583-1645) Herbert (1581-1648) Hobbes (1588-1679) Vanini (1585-1619) Böhme (1575-1624)
1596	Descartes (1596-1650) Comenius (1592-1670)

El método de las generaciones históricas

Cuando en 1929 escribía *La rebelión de las masas*, me ocurrió poner una nota al pie de la página 180 en que decía: «Con este motivo conviene recordar, por si se olvida, que una de las escenas más ridículas, más grotescas y más hediondas que han acontecido en el planeta Tierra fue aquélla del 26 de junio de 1633 –preparemos el tricentenario– en que Galileo, de setenta años, tuvo que arrodillarse ante el Santo Oficio, en Roma, para abjurar de la Física».

Era mi propósito dedicar desde entonces mi trabajo a un estudio intensivo de las dos generaciones –la de Galileo y la de Descartes– en que la época moderna de Europa llega a su pubertad.

Ello me hubiera permitido celebrar con algún decoro ese tricentenario de la deplorable escena que sería un error interpretar simplemente como una lucha entre la fe y la razón, y menos aún entre la Iglesia y el Siglo. Mas los acontecimientos políticos me obligaron durante dos años a desterrarme de las faenas científicas.

No obstante, cuando en el otoño de 1932 el Patronato de la Fundación Valdecilla me invitó a ocupar la cátedra en el presente curso, creí que debía aprovechar la ocasión para rendir a Galileo el homenaje proyectado, aun cuando fuese en forma insuficiente.

Tal es el origen del ciclo de conferencias tituladas por mí «Sobre la época de Galileo, 1550-1650. Ideas en torno a las generaciones decisivas en la evolución del pensamiento europeo».

Del conjunto de aquellas lecciones, cuya publicación íntegra formaría un volumen excesivo, y que por otra parte no podría dar a la estampa sino después de una revisión a larga fecha, me ha parecido que sería lo más interesante para las publicaciones del Patronato Valdecilla entregar desde luego a la imprenta las lecciones en que se desarrolló el primero de los grandes temas desarrollados en mi curso. Constituye una unidad independiente, que afecta a los problemas generales de la historia y la historiología.